Carl du Prel

Das Rätsel des Menschen

Herausgeber der Buchreihe SYMBOLON
Dr. Peter Orban

Bisher erschienene Titel
Manfred Kyber: Einführung in das Gesamtgebiet des Okkultismus
Hans Blüher: Traktat über die Heilkunde
Erwin Reisner: Vom Ursinn der Geschlechter
Eliphas Levi: Das große Mysterium
Carl du Prel: Das Rätsel des Menschen

CARL DU PREL

DAS RÄTSEL DES MENSCHEN

Hesse Becker

März 1986
Umschlaggestaltung: Martin Orban
Gesamtherstellung: Franz Spiegel Buch GmbH, Ulm

Printed in Germany

ISBN 3-8036-3007-x

1. Auflage 1986

ZUM OKKULTISMUS DER GEGENWART

EINLEITUNG DES HERAUSGEBERS

„Gibt es ein persönliches Überleben des Todes"? — Der Schweizer Hirn-Anatom und Psychiater August Forel, der 1931 starb, antwortete, als man diese Frage an ihn richtete, mit einer in Scherzform gekleideten Verneinung. Er glaube nicht daran, meinte er, denn wenn wirklich der *Mensch* den Tod als Person überlebe, so würden doch die *Ameisen* (denen Forels ganze Forscherliebe galt) keinesfalls in einem Jenseits weiterleben — und ohne seine Ameisen sei ihm ein Leben nicht begehrenswert.
Ein Kollege Forels, der 1894 verstorbene Anatom Joseph von Hyrtl, beantwortete die gleiche Frage aus besserem Wissen mit einem einprägsamen Gleichnis.
Er wies darauf hin, daß der Embryo im Mutterleibe, hätte er Selbstbewußtsein und wüßte er im voraus, was beim Vorgang der Geburt mit ihm geschehen würde, diesen Vorgang zweifellos für seine absolute Vernichtung halten müßte: Die ihn umschließenden Hüllen zerreißen, das Fruchtwasser — sein Lebenselement — fließt fort, die Nabelschnur, die ihn ernährt, wird zertrennt, und überdies hat er, aller Lebensmöglichkeit beraubt, den erstickenden Sturz durch würgende Enge zu tun. Ja, stünde der Embryo „auf dem Boden der Tatsachen," kein Zweifel, ein „Überleben der Geburt" müßte für ihn indiskutabel sein. Aber er weiß nicht, daß in ihm *andere* Organe für ein Leben in einer *anderen* Welt bereits vorsorglich angelegt sind: Lungen, um Luft

zu atmen, Augen, um den Kosmos der Farben und Formen zu schauen — — mehr noch: diese anscheinend hoffnungslose Vernichtung, der Geburtsakt, ist in Wahrheit der Weg ins eigentliche Leben.

Insofern haben wir kein Recht, den Tod, der uns ebenfalls alles Leben zu rauben scheint, aus der lediglich irdisch-biologischen Perspektive zu beurteilen. Wir irren dann, wie gedachter Embryo im Hinblick auf die Geburt irren würde.

Joseph von Hyrtl arbeitet hier mit einer naheliegenden Analogie, einem naturgegebenen Gleichnis, das uns in ähnlicher Weise das Problem eines persönlichen Überlebens des Todes vor Augen führt wie das weit bekanntere Gleichnis, das uns die Raupe bietet, das kriechende Erdengeschöpf, der „Wurm im Staube": Zu bestimmter Stunde hat die Raupe zu „sterben," sie legt sich in den Sarg— in die tatsächlich sargförmige Puppenhülle — und „verwest" darin, indem durch den Prozeß der Histolyse (der Gewebsauflösung) alle ihre Raupenorgane in einen gestaltlos-gleichförmigen Brei verwandelt werden — mit Ausnahme winziger Keimpunkte des Künftigen, von denen her die Umgestaltung einsetzt. Eines Tages öffnet sich der Sarg: Ein Falter, ein farbiges, beschwingtes Äthergeschöpf steigt in die Weiten des Luftmeeres empor . . .

Wenden wir uns von dem skeptischen Scherz August Forels und von den aufschlußreichen Naturgleichnissen dem zu, was die Jenseitsforschung auf wissenschaftliche, d. h. auf beobachtende und schlußfolgernde Weise über das Weiterleben nach dem Tode erfahren und sichern konnte, so stehen wir vor erstaunlichen Tatsachen: Dieses so umstrittene Tod-Überleben ist nämlich seit langem kein Gegenstand des Glaubens, Ahnens, Meinens und Gleichnisdeutens mehr, sondern ein Gegenstand vielfältigen Wissens.

Obwohl Deutschland seit Jahrhunderten das Land des Wissens um höhere Wirklichkeiten ist—es sei nur an Namen wie Paracelsus, Jakob Böhme, Heinrich Jung-Stilling, Justinus Kerner, Jakob Lorber und Carl du Prel erinnert—, ist es dennoch ein Jahrhundert lang in so extremem Ausmaße zugleich das Land des plattesten und volkstümlichsten Materialismus und seiner Bastarde gewesen—das Land eines Ludwig Büchner, Carl Vogt, J. Moleschott und Ernst Hæckel —, daß es, gründlich wie es nun einmal vorgeht, bis zur Stunde den Anschluß an die internationale Jenseitsforschung weitgehend verpaßt hat.

Wenn in England ein weltberühmter Physiker und Nobelpreisträger wie Sir Oliver Lodge ein anerkanntes Werk über das Leben nach dem Tode veröffentlicht — ihm ging mit einer ähnlichen Veröffentlichung sogar Darwins einstiger Mitkämpfer, der Tiergeograph A. R. Wallace voraus—, wenn in Frankreich Gelehrte wie der Astronom Camille Flammarion, in Italien der Astronom Schiaparelli, der Psychiater Cesare Lombroso und neuerdings vor allem der kenntnisreiche Spukforscher Ernesto Bozzano dem Leben jenseits der Todespforte ganze Lebenswerke widmen, so wird das in diesen Ländern (und auf Nord- und Südamerika trifft dasselbe zu), die seit Jahrzehnten eine systematische okkulte Forschung kennen und anerkennen, genau so ernst genommen wie irgend eine andere wissenschaftliche Veröffentlichung.

In Deutschland haben wir nun seit mehr als einem Jahrzehnt eine literarische Erscheinung größter, ja bahnbrechender und maßgeblicher Bedeutung für dieses Forschungsgebiet. Ich meine das von Dr. Emil Mattiesen verfaßte dreibändige Werk „Das persönliche Überleben des Todes; eine Darstellung der Erfahrungsbeweise," dessen erste beide Bände 1936 erschienen; der dritte folgte 1939. Auf nahezu 1300 Seiten ist darin — gestützt auf Erfahrungen und deren streng wissenschaftliche Analyse — die Tatsache des Tod-Überlebens bewiesen: so zwingend bewiesen, daß eine Diskussion nur noch mit denjenigen ihrer Leugner lohnt, die diesen Beweis erstens gründlich zur Kenntnis genommen haben und zweitens meinen, ihn irgendwo widerlegen zu können. Obwohl jedoch Dr. Mattiesen offizieller Universitäts-Gelehrter (an der Universität Rostock) war und sein umfangreiches Werk in einem der größten wissenschaftlichen Verlage der Welt erschien (bei Walther de Gruyter & Co., Berlin), ist es von Deutschlands Wissenschaftlern so gut wie unbeachtet geblieben. Nicht einmal die Theologen nahmen es zur Kenntnis, gleichsam als mindere es ihr Ansehen, wenn im Hinblick auf diese Frage an Stelle eines bloßen Glaubens (was hier tatsächlich nur ein Fürwahrhalten bestimmter Ansichten bedeuten würde) ein wohlfundiertes Wissen träte.

Hinzu kommt, daß das in jeder Hinsicht epochale Werk bereits vier Jahre nach dem Erscheinen der beiden ersten Bände und ein Jahr nach dem Erscheinen des dritten Bandes von der Geheimen Staatspolizei des damaligen Regimes beschlagnahmt und vernichtet wurde. Der Verfasser dieser Zeilen — damals Schriftführer des inneren Forschungsringes der

„Deutschen Gesellschaft für wissenschaftlichen Okkultismus" in Berlin — konnte noch mit knapper Not nach Mattiesens Tode (1940) den einzigen Nachruf, der in Deutschland erschien, in der Presse veröffentlichen; dann hatte er selbst in der „Schutzhaft" Gelegenheit, die Auswirkungen des Hasses kennenzulernen, den Materialismus und Biologismus gegen alles ihnen übergeordnet Wirksame hegen.

Als Forel auf die Ameisen hinwies, die er im Jenseits nicht vorfinden werde, verhielt er sich unwissenschaftlich: er gab nämlich seine vagen Vermutungen zum besten auf einem Gebiet, mit dem er sich niemals forschend beschäftigt und dessen Tatsachen und Befunde er niemals kennengelernt hatte. Auf keinem anderen Gebiet würden Gelehrte dergleichen ohne Einbuße ihres Rufes wagen.

Wäre der sonst so verdienstvolle Forel über das jenseitige Leben ein wenig orientiert gewesen, so hätte er wissen müssen, daß den Verstorbenen auf der anderen Seite des Seins zunächst „Strandreiche" empfangen, sonderbar traum- und schemenhafte Umwelten, die in gewisser Weise dem entsprechen, was uns der Traum vorgaukelt. Es besteht dabei freilich der Unterschied, daß der Traum sich aus dem inneren Eigenleben des Träumers gestaltet und zugleich flüchtig ist, während jene Strandreiche auch nach dem gestaltet sind, was der in sie eintretende Mensch an inneren Wirklichkeiten mitbringt, jedoch im Gegensatz zum Traum Kollektivgebilde von einer gewissen Dauer darstellen. Es sind gewissermassen Szenerien —: von zahlreichen verwandten entkörperten (exkarnierten) Individualitäten (innerlich ähnlich veranlagten sogenannten „Toten") zu einer „Wirklichkeit" geträumte Kulissen. Obgleich herkunftsgemäß subjektive, und zwar kollektiv-subjektive Gebilde, haben diese Szenerien dennoch auch ihren objektiven Bestand. Scheinwelten sind es, aber solche von Dauer und nach Art echter Umwelten. Die Tibetaner nennen diese Welten „Bardo", die Theosophen sprechen von einem Leben auf der „Astral-Ebene".

Der noch ganz in seinen einstigen „Erdentraum in Fleisch und Blut" versponnene exkarnierte Mensch lebt nach seinem Tode kürzere oder längere Zeit in diesen Scheinwelten, die sich von seinem Erdenleben oft kaum unterscheiden —: so wie wir ja auch im Traum zumeist in einer unserem wachen Alltag recht ähnlichen Umwelt leben. Ein zeitgenössischer theosophischer Hellseher, Erhard Bäzner, schildert das auf drastische Weise (in seinem 1920 erschienenen Büchlein „Wo sind die Toten?") u. a. so:

„So könnten wir die weitere Frage: Womit beschäftigt sich der Mensch nach seinem Tode? dahin beantworten: Jeder beschäftigt sich nach seinem Tode mit dem Problem oder Gegenstand seines Interesses, mit dem er sich vor seinem Tode beschäftigt hat. Der Forscher ist noch mit seinen Forschungen beschäftigt, der Chemiker macht weitere Versuche in seinem Fach, der Philosoph bearbeitet seine Probleme . . . Der Arzt besucht seine Kranken, der Professor sein Kolleg, der Fabrikant seine Fabrik, der Kaufmann schließt neue Verträge ab, der Rechtsanwalt verteidigt seine Klienten weiter, der Handwerker übernimmt neue Aufträge . . . Der Hypnotiseur gibt weiter Suggestionen . . .

und der Monist sucht fortwährend den Unsinn eines Glaubens an jenseitige Welten zu beweisen". In den Scheinwelten bleibt der Exkarnierte so lange, bis das aus dem Erdenleben mitgebrachte Unvollkommene, Falsche, Wahnhafte von den gleichfalls mitgebrachten und dort durch neue Impulse verstärkten Kräften zum Vollkommenen, Wahren, Klaren, Gesunden überwunden ist, wodurch der Aufstieg in höhere, vollkommenere Zustände erfolgt. Die Menschen nehmen nach drüben mit, was sie auf Erden an Eigenschaften besessen und nach der positiven oder negativen Seite hin entwickelt haben, und sie müssen drüben nachholen, was sie an der Vollendung ihrer Aufgabe im Erdenleben, nämlich der Ausreifung ihres Menschentums (vom tierähnlichen zum gottähnlichen Zustand) versäumt haben. „Ihr sollt vollkommen sein gleichwie euer Vater im Himmel vollkommen ist". Denn das Gesetz der Entwicklung vom Niedrigeren zum Höheren durchwaltet die Welten, wenn auch nicht in der plumpen Weise, wie es eine geistverlassene materialistische Wissenschaft einmal gelehrt hat.

Ähnliche, sehr ausführliche Schilderungen gibt auch Jakob Lorber in seinem umfangreichen, schreibmedial zustandegekommenen Lebenswerk.

Vielen Menschen unserer Tage mag dergleichen wie ein Witz vorkommen. Es soll aber hier von vornherein mit allem Nachdruck bemerkt werden, daß es sich dabei sowohl um älteste Erkenntnisse der Menschheit, um Erfahrungen okkult befähigter und geschulter Völker und Einzelpersonen, wie auch um Ergebnisse der modernsten wissenschaftlichen Forschung handelt. In letzterer Hinsicht sei besonders auf das Kapitel „Schwierigkeiten bezüglich der jenseitigen Umwelt" in Mattiesens Werk hingewiesen. In Tibet wird dem Verstorbenen während der wenigen Tage, die er noch in naher Erdbindung zuzubringen pflegt, vom Lama ein Text vorgelesen, der ihn gegen das letztlich Trügerische dieser Scheinwelten wappnen und ihn aus der Verstrickung in sie befreien soll: der „Bardo Thödol", das sogenannte „Tibetanische Totenbuch" (dessen deutsche Übersetzung 1938 im Rascher-Verlag, Zürich und Leipzig, erschien). Mithin ist es nicht ausgeschlossen, sondern sogar wahrscheinlich, daß Professor Forel am anderen Ufer des Seins tatsächlich seine geliebten Ameisen wiederfand und sich ihnen weiterhin beobachtend und forschend widmete. Man soll auch als Gelehrter — und erst recht als Gelehrter! — nie zu früh irgendeines der großen Probleme für abgeschmackt und lächerlich halten, nicht einmal die so oft bespöttelte „Unsterblichkeit der Maikäfer", von der einer der klügsten deutschen Jenseitsforscher, mein 1944 verstorbener väterlicher Freund Dr. Fritz Quade, einmal sagte, sie stelle eins der ernstesten Forschungs-Probleme der gesamten Parapsychologie dar.

In der Tat ist die Frage, inwieweit das Tier den Tod individuell überlebt, noch weitgehend ungeklärt. Wenn — um bei unserem Beispiel zu bleiben — ein Ameisenforscher im Jenseits (genauer gesagt: in den Strandreichen) genau wie im Erdenleben Ameisen vorfindet und beobachtet, so ist anzunehmen, daß es sich dabei nicht um exkarnierte Tiere, d. h. um aus der irdischen Verkörperung ausgestiegene Tier-Geister, sondern um magisch vom verstorbenen Menschen erzeugte Astralgebilde handelt. Um es ganz kraß auszudrücken: Die mit der

Leidenschaft des Ameisenbeobachtens ausgestatteten Menschen erbilden — denn Leidenschaft, Vorliebe und Wunsch wirken magisch-zeugend im Astralen! — nach dem Tode, wenn die „Strandreiche" ihre erste einstweilige Jenseitsheimat sind, dort Scheingebilde von jenem subjektiv-objektiven Wirklichkeitswert (in unserem Falle: Ameisen), der diese Strandreiche kennzeichnet und sie einerseits vom nur subjektiven Gelände des Traumes und andererseits vom anscheinend objektiven Gelände der Diesseitswirklichkeit unterscheidet. Es wären also keine irdischen Ameisen als Überlebende, sondern astral verdinglichte Wunschmagie-Gebilde.

Jedoch davon abgesehen, ist die Frage durchaus offen, ob nicht auch Tiere als solche ihren Tod überleben. Tiere als Spuk-Agenten sind der Spukforschung in zahlreichen Fällen bekannt, so daß man annehmen darf, es überlebe auch das Tier zumindest in bestimmten Fällen und für eine bestimmte Zeit seinen Tod. Die Theosophie lehrt, daß Tiere nicht individuell diesen Tod überleben, sondern nach ihrer Exkarnation in die Gruppenseele eingehen, so wie sie schon hier auf Erden gar nicht individuell leben, sondern gleichsam von der Weisheit der Art, der sie angehören, gelebt werden; aber zugleich weiß die Theosophie (H. P. Blavatzky, Annie Besant, C. W. Leadbeater, C. Jinarajadasa u. a.), daß die Tiere — insbesondere im Banne des Menschen, vornehmlich also die Haustiere — unterwegs zur Individuum-Werdung sind. Ich habe in meinem tierpsychologischen Handbuch „Tierseele und Schöpfungsgeheimnis" (Rupert-Verlag, Leipzig 1940) — im Kapitel „Das Tier im Banne des Menschen" — alles Material zusammengetragen und gedeutet, was unter dem genannten Gesichtspunkt aufschlußreich ist.

Die von der Theosophie gespeiste und alsdann abgefallene Anthroposophie Rudolf Steiners leugnet mit dogmatischer Härte, daß Tiere einen Individualitätskern erreichen können; der komme nur dem Menschen zu. So gibt es denn in der Anthroposophie nur die Gruppenseele als Schlüssel zum Verständnis der Tierheit. Wer aber z. B. Hunde oder Katzen hält und aufzieht, kann deutlich beobachten, wie ein Wurf junger Tiere bereits kurz nach der Geburt in prägnant unterscheidbare Einzelwesen von ausgesprochenen Charakter-Eigentümlichkeiten zerfällt; daß hier das Principium individuationis, das Werdegesetz des Einzelwesens, waltet und wirkt, kann nur der in vorgefaßten Meinungen Befangene leugnen.

So ist es durchaus wahrscheinlich, daß ein bereits fortgeschritten individualisiertes Tier seinen Tod wesentlich länger überlebt als ein noch ganz im Sein der Gruppenseele verharrendes; aber auch dieses — der Maikäfer z. B., von dessen Unsterblichkeit wir ausgingen — tritt ja hier im Diesseits als Einzelgeschöpf auf: da müßte er denn geradezu in die Gruppenseele zurück*schnellen*, wenn wir annehmen wollen, daß ihm überhaupt keine Phase des Tod-Überlebens als Einzelgeschöpf zukommt. Weit näher liegt, daß er in die Gruppenseele zurück*gleitet*, d. h. daß auf seinem nachtodlichen Wege zu ihr sein Gepräge als Einzelwesen allmählich aufgelöst wird.

Im Prinzip träfe dann auf ihn Ähnliches zu — wenngleich nur skizziert und im Eiltempo gleichsam —

wie auf den todüberlebenden Menschen. Auch dieser ist ja nicht „unsterblich" schlechthin. Sein physischer Leib verwest oder wird verbrannt, seine Lebenskräfte (der „Ätherleib" im Sinne der Theosophie) werden verhältnismäßig rasch aufgelöst, sein Astral-Organismus ist von weit längerer Dauer, bis auch er sich schließlich ähnlich wie der physische Leichnam abstreifen läßt und der eigentliche Mensch höher und höher steigt. Nach der Geheimlehre aller Zeiten und Zonen gibt es — noch weit über das „Ich" und das „höhere Selbst" hinaus — eine Letzt-Instanz im Menschenwesen, die wesenhaft mit dem Göttlichen (Atma) identisch ist. Vom Atma-Wurzelgrunde her (denn der Mensch wurzelt seinem Wesen nach hoch droben im Göttlichen und ragt mit seiner irdischen Erscheinung von Seins-Ebene zu Seins-Ebene bis ins Diesseits herab) ist die geheimnisvolle Einheit alles Seins gewährleistet. Das höchste, letzte Geprägtsein als ewiges Ich-bin ist eingefügt in eine Allheit, von der die Mystiker künden. Sie zu erreichen, ist ein Hochziel des Menschentums. Alles, was unterhalb dieses Hochziels liegt, ist in gewisser Weise „sterblich", auch wenn es den Tod noch so lange und noch so intensiv überlebt — — auch wenn es, im Kern unverändert, von Verkörperung zu Verkörperung durch die Zeiten wandert.

Es führt uns diese Betrachtung der Problematik nachtodlichen Seins zur Wiederverkörperungslehre, die — darin durchaus logisch und konsequent — das nachtodliche Sein durch ein vorgeburtliches ergänzt: im Sinne des Buchtitels von Dr. Friedrich Schwab „Geburt und Tod als Durchgangspforten des inwendigen Menschen" (Richard Hummel Verlag, Leipzig 1939).

Hier sei nur darauf hingewiesen, daß die Wiederverkörperungslehre zum Erkenntnisgut der Mehrzahl aller um Jenseitiges wissenden Menschen gehört: Die Einweihungsschulen Ägyptens, Vorderasiens, des Judentums und der Griechen (Pythagoräer) wußten von den wiederholten Erdenleben, die Gnosis lehrte in mehreren ihrer Schulen das selbe, im Evangelium ist die Wiederverkörperung stillschweigend vorausgesetzt oder auch deutlich ausgesprochen (z. B. Ev. Joh., 9. 2 oder Ev. Matth., 16. 14 und 17. 10—12), ganz Indien, Tibet, China und Japan ist von ihr (in der hinduistischen oder in der buddhistischen Form) überzeugt; Lessing (in „Die Erziehung des Menschengeschlechts") war ebenso von ihr durchdrungen wie Goethe (der z. B. seine Wahlverwandtschaft zur Frau von Stein auf diese Weise deutete) — und heute bekennen sich zu ihr unzählige europäische und amerikanische Okkultisten, Theosophen, Anthroposophen und Buddhisten. Sie ist der Schlüssel, um die Gerechtigkeit Gottes im Schicksalswalten zu erkennen. Auch das Christentum ist heute in weiten Kreisen von der Wiederverkörperung überzeugt, z. B. in der Liberal-Katholischen Kirche und in ihrer anthroposophischen Ableitung, der Christengemeinschaft. Der römische Katholizismus lehrt — im Gegensatz zum lediglich „Himmel" und „Hölle" anerkennenden Protestantismus —, daß die Mehrzahl der Verstorbenen weder in die Hölle abwandere noch sogleich ins Himmlische aufgenommen werde, sondern außerordentlich lange Zeiten der „Reinigung", d. h. der Vorbereitung auf eine himmliche

Existenz, im „Purgatorium" durchzumachen habe. Diese langen Zeiträume der Entwicklung im Purgatorium sind Aufenthaltszeiten in wirklichen Welten: den Purgatoriums-Welten eben. Wir brauchen nur anzunehmen, daß diese Purgatoriums-Welten, an deren objektiver Existenz kein Katholik zweifelt, stoffliche Welten sind, dann stehen wir auch hier vor der Lehre, daß sich irdisches Dasein sowohl in unstofflichen bezw. feinstofflichen Welten (unmittelbar nach dem Tode) als auch in stofflichen (auf dem Wege neuer Verkörperung) fortsetze. Überhaupt findet man, wenn man nicht gar zu buchstabengefesselt am Hart-Dogmatischen klebt, sondern vordringt zum Geist der Lehren, daß alle Hochreligionen und Geheim-Offenbarungen der Menschheit im Wesentlichen dasselbe lehren. Viele dieser Religionen behaupten eine einmalige, anderweitig nirgends gewährleistete Sonderstellung, andere — z. B. der enorm weiträumige Hinduismus und die Theosophie — lassen jeden Weg gelten und blicken, universell-tolerant, auf das eine Ziel, zu dem alle Wege diejenigen führen, die sie nicht nur „glauben", sondern auch gehen.

Absichtlich habe ich gleich zu Beginn unserer Erörterungen das anstößig Massive dargestellt, das sich aus einer okkulten Erkenntnistätigkeit für den Menschen ergibt. Wir sind in Deutschland heute so zögernd und mühselig auf diesen Gebieten geworden, daß allein schon die längst gesicherte Tatsache der Gedankenübertragung (Telepathie) und der außersinnlichen Wahrnehmung vielen Menschen als Resultat unseres Forschungszweiges genügt, obwohl wirkliche Früchte geheimwissenschaftlichen Strebens, echte Lebens-Fruchtbarkeiten, erst dort geerntet werden können, wo man über die Anfangsgründe hinausgeht.

Hat die Beschäftigung mit unserem Gebiet mannigfache Resultate, so ist eines davon für jedermann gewiß: Man verliert seine Vorurteile, seine Beschränktheiten. „Ohne die jenseitige Welt ist die diesseitige ein trostloses Rätsel", sagt August Strindberg im „Blaubuch". Das trostlose Rätsel wandelt sich dem, der die geheimwissenschaftlichen Einsichten und Erleuchtungen kennenlernt, in ein lebendiges Sinngefüge.

Freilich ist es dabei notwendig, die Angst vor Worten zu verlieren — auch wenn Journalismus, Witzelei und Schlagwort-Wirtschaft solche Worte jahrzehntelang in Mißkredit gebracht haben.

Okkultismus heißt eines dieser Worte. Ich verwende es — nachdem der große Agrippa von Nettesheim, der Systematiker des Magischen im Reformationszeitalter (1486—1535), es einführte — nicht nur aus traditionellen Gründen gern; es bezeichnet das Wissen um das (gemeinhin) Verborgene, um die Wirklichkeit hinter dem Schleier.

Heute redet man lieber von Meta- oder Parapsychologie, jedoch das ist ein viel zu enger Begriff: „Psychisch" und in der (okkulten) Verlängerungslinie des Psychischen kann nur ein Bruchteil der geheimwissenschaftlichen Phänomene gefunden werden. Die Einteilung von Dr. Fritz Quade ist besser:

„Odik" (betrifft die okkulten Erscheinungen im Bereich des Stofflichen und der Lebensprozesse),

„Psychik" (das Okkulte im Bereich der Seele),

„Pneumatik" (die Phänomene des Geistigen).
Jedoch der Sammelname „Okkultismus" umfaßt die Gesamtheit der geheimwissenschaftlichen Disziplinen: Theosophie (etwa im Sinne Jakob Böhmes, Swedenborgs oder der modernen indisch-europäischen Theosophie) ebenso wie Mystik, Magie ebenso wie Alchymie, Spiritismus ebenso wie Odforschung, Einweihungs- und Geheimlogen-Wesen ebenso wie experimentelle parapsychische Forschung usw.

Spiritismus ist ein weiteres Wort, gegen das man sich vorurteils-immun machen muß. In der Regel versteht man darunter Totenbefragungen, Geisterzitierungen (Offenbarungs-Spiritismus), Tischrücken und dergl. Diese Phänomene sind aber nur Nebenerscheinungen — manchmal fragwürdiger Art —, die nicht den eigentlichen Inhalt des Begriffes Spiritismus ausmachen. An sich bedeutet dieses Wort ganz einfach jene Erkenntnis, die von einem persönlichen Überleben des Todes weiß.

Animismus ist der Gegensatz zu Spiritismus: die Anschauung derjenigen Okkultisten, die zwar okkulte Phänomene kennen und anerkennen, sie jedoch ausschließlich auf das telepathische, magische oder sonstwie paranormale Vermögen Lebender zurückführen. Die Spiritisten haben insofern das größere, weitere und wirklichkeitsgerechtere Weltbild, als sie selbstverständlich auch die zahlreichen animistisch zu deutenden Phänomene als solche anerkennen, aber darüber hinaus noch jene Phänomene, deren Agent ein Entkörperter, ein sogenannter Toter ist.

Medium ist ebenfalls ein viel diskreditiertes und mißverstandenes Wort. Insbesondere die anthroposophische Propaganda hat die Vorstellung verbreitet, ein Medium sei ein minderwertiges, in der künstlich erzeugten Bewußtseinstrübung (Trance) lediglich zum Telefon unkontrollierbarer, meist dämonischer Jenseits-Wesenheiten werdendes Geschöpf. Angeblich habe nur Dr. Rudolf Steiner einen okkulten Erkenntnisweg verwirklicht, bei dem das wache Ichbewußtsein eingeschaltet bleibe — während alle übrigen Jenseitsforscher „medial" oder, was auf dasselbe hinausläuft, „atavistisch" zu Werke gingen, indem ihnen eine hellsichtige Wahrnehmung (gleichsam als Entwicklungsrückschlag) angeboren sei; der echte Hellseher (und außer Steiner gibt es keinen!) habe sich aber wach- und ichbewußt geschult. Nun beruht eine solche Darstellung auf mannigfacher Unkenntnis. Erstens bedeutet „Medium" lediglich „Mittler". Der „mittlerische Mensch" ist derjenige, durch den Jenseitiges, Überweltliches ins Irdische wirkt. Die Propheten gehören dazu ebenso wie die Apostel — und wenn Paulus sein berühmtes „Nun aber nicht mehr ich, sondern der Christus in mir!" spricht, so ist er damit ganz einfach das Medium des Christus. Auch haben zahlreiche mittlerische Menschen, z. B. Jakob Böhme und Emanuel Swedenborg, ihre Jenseits-Schauungen im ichbewußten Wachzustande gehabt. Steiner selbst sah bereits beim katholischen Meßbuben-Dienst die Aura, die leuchtende Strahlungs-Hülle der jeweils zelebrierenden Priester, also muß auch er als „atavistischer" Seher angesprochen werden, wenn man seine eigene, zu Herabsetzungszwecken anderer Jenseitskünder verfertigte Ausdrucksweise gelten lassen will.

Medium ist jeder zu einer Vermittlung überwelt-

licher Wirklichkeiten zeitweilig oder fortdauernd geeignete Mensch: das reicht vom Trance-Medium bis zum souveränen, wachbewußten Hellseher. Und Spiritist ist jeder, der sich vom persönlichen Fortleben nach dem Tode überzeugt hat: das reicht vom Kirchen-Christen (es sei denn, er nehme an, der Tote sei mausetot bis zur Auferweckung am jüngsten Tage) und vom Theosophen, Anthroposophen oder Gnostiker bis zum Offenbarungs-Spiritisten irgendeines Tischrück-Zirkels, vom tibetanischen Lama bis zu Goethe, vom Kongo-Medizinmann bis zu Dr. Emil Mattiesen.
Fragen wir nun weiter, weshalb wir uns mit der Überwelt beschäftigen! Wer am Krankenbett geretteter Selbstmörder diese systematisch auf das innerste Motiv ihrer Tat hin prüft, erfährt fast immer die Aussage: Mein Leben hätte keinen Sinn mehr gehabt! Wo der Einzelne freilich den jeweils konkreten Sinn seines Lebens suchen zu müssen glaubt, ist eine Frage seines Persönlichkeits-Niveaus. Nichtsdestoweniger bleibt die erstaunliche Tatsache bestehen, daß ein durchaus metaphysischer Wert — die Sinnfindung nämlich — für den Menschen von entscheidender vitaler Bedeutsamkeit ist. Sieht er sich außerstande, auf positive Weise eine solche Sinnfindung und Sinnverwirklichung in seinem Leben zuwegezubringen, so stürzt er sich in die (vermeintliche) Selbstvernichtung. Was man gemeinhin für den stärksten Trieb hält: den Selbsterhaltungstrieb —: einem stärkeren ist dieser Elementartrieb unterworfen: dem Verlangen nach Sinngebung. Ob der Selbstmörder sich dessen bewußt ist oder nicht, im tiefsten Grunde treibt ihn ein metaphysisches Unbefriedigtsein zu seiner Tat.

Wer das Wesen des Menschen wirklichkeitsgemäß zu erfassen vermag, kann darüber gar nicht erstaunt sein. Mit dem Physischen seines Leibes hat der Mensch Anteil an der Wirklichkeits-Ebene des Mineralischen. Damit, daß Bestandteile aus der Welt des Stofflichen im Menschen vom Organismus seiner vitalen Kräfte — vom „Ätherleib" — ergriffen und zum Dienst an der Erhaltung seiner lebendigen Gestalt genötigt werden, hat er außerdem Anteil an jener Wirklichkeits-Ebene, die durch die Pflanze repräsentiert wird. Ist das Mineralische gleichsam nur Leib, so ist das Pflanzensein Leib und Leben: Stoffwechsel zu Gunsten der Gestalt-Bewahrung ist dafür charakteristisch. Aber der Mensch ist mehr als Leib und Leben, er nennt auch eine Seele sein eigen. Wie er das Physische mit dem Mineralreich gemeinsam hat und den Bios mit der Pflanze, so hat er die Psyche mit dem Tier gemein: das Tier ist Leib, Leben und Seele. Will man Seelisches ungestört vom Einwirken des Geistes studieren, so muß man die Tierwelt beobachten. Alle drei Wirklichkeits-Ebenen — die des Physischen, die des Bios und die der Psyche — überragt der Mensch jedoch mit seinem obersten Wesensanteil: mit jenem geheimnisvollen Mittelpunkt, der zu sich selber „Ich bin" sagt und der ein Organ zum Ergreifen des Geistes darstellt. Das Mineralische ist sich selbst genug, der Bios holt sich seine Nahrung aus der Welt der Elemente und ihrer Verbindungen, die Psyche schwingt und zittert in Empfindungen und begehrt starke emotionelle Bewegung ihrer selbst, das menschenwürdige Ich hingegen muß zu aktiv erarbeiteter Sinngebung des Lebens vordringen, wenn es sich selber ähnlich sein will: metaphysische Wirklichkeit ist seine Speise. Eine in diesem Sinne nach den biologischen und überbiologischen Tatsachen orientierte Menschenkunde ist der Gegenstand meines Buches „Der Erstgeborene, ein Bild des Menschen" (Suhrkamp-Verlag, vorm. S. Fischer, Berlin-Frankfurt a. M., 3. Aufl., 1948), auf das hier verwiesen sei.

Lebt der Mensch nur für die Ansprüche, die ihm Leib, Leben und Seele stellen, so bleibt sein wesentliches Charakteristikum, sein oberstes Prinzip (von dem Paracelsus sagt: „Nur die Höhe des Menschen ist der Mensch") der Unterernährung preisgegeben. Es entsteht metaphysische Mangelkrankheit oder — wie Dr. Walther Kröner es ausdrückt — „metaphysische Verdrängungsneurose". Das aber ist der Boden, auf dem sich — besonders von der kritischen Epoche der Lebensmitte an — Katastrophen vorbereiten: Zusammenbrüche, unwürdige Fluchten in Resignation, Zynismus und Nihilismus, seelische Zwänge und am Ende gar Selbstmord-Unternehmungen. Die Unterernährung des Eigentlichen im Menschen ist ja bereits in gewisser Weise Selbstmord.

Das oben zitierte Strindberg-Wort, daß ohne die jenseitige Welt die diesseitige ein trostloses Rätsel sei, vollstreckt sich in diesen Fällen. Ohne ein Eindringen in die Überwelt, ins „Reich der Ursachen", kann Sinnfindung und Sinnverwirklichung nie auf eine befriedigende Weise erlangt werden. Erst wenn wir das Diesseits transparent machen für das hinter und in ihm geheimnisvoll waltende Jenseits, stehen wir auf dem Boden der Wirklichkeit! Der sogenannte „Realist" ist in Wahrheit nur ein Analphabet des Lebens, ein „halber Mensch" im wortwörtlichen Sinne.

Der Sinn des Lebens wird aus dem Geistgebiet ins Diesseits-Dasein projiziert mit Hilfe jenes innersten und höchsten Organs im Menschen, das selber seinen Urstand im Geiste hat. Dieses Organ ist nicht leicht zu lähmen: wo es nicht auf echte und gesunde Weise betätigt wird, setzt es sich auf verzerrte oder abirrende Weise durch. Da es berufen ist, den Kosmos als ein Sinngefüge zu erkennen und das eigene Leben als unaufhörliche Zwiesprache mit höheren Mächten zu erleben, ist dieses Organ von Natur aus auf „Beziehungssicht" angelegt. Wo es hinblickt, will es Signaturen finden (Entsprechungen, wie es bei Swedenborg heißt), sinnoffenbarende Hinweise auf die intime Bedeutsamkeit all dessen, was ihm begegnet. Alles Vergängliche wird ihm zum Gleichnis — es ist dem Orpheus verwandt: begrabene Gottheit wird von ihm aufgeweckt aus dem Staub und den Steinen.

Eine Ahnung von den Signaturen, vom Orakelhaften des Weltgefüges, von einer wirklichen Gegenwart — einer Realpräsenz — des Bedeutsamen in all und jedem, was ihm vom Schicksal zugereicht wird, ist dem Menschen eingeboren. Daher tastet er — zunächst oft spielend — nach einer Erschließung solcher Signaturen, und wo ihm das Auslegen nicht gelingt, da legt er unter. Ein Beispiel sind die jedermann geläufigen Gedankenspielereien, die sich an Willkürliches knüpfen, etwa: Wenn ich jetzt beim Schreiten auf einen Grenzstrich des Pflastermosaiks trete, dann droht mir ein bestimmtes Zukunftsgeschehnis — oder es wird ein bestimmter Glücksfall eintreten u. dgl. Das kann sich bis zum

Aberglauben, bis zu neurotischen Zwängen steigern. Nun sind aber, nach einem erleuchteten Ausspruch von Hans Blüher, Neurosen verpfuschte Sakramente. Was in den Neurosen verzerrt und krankhaft erlebt und erlitten wird, ist recht eigentlich nur die Abirrung eines tief in uns verankerten, okkulten Wissens um die Wahrheit universaler Sinnzusammenhänge. Wer nicht zur Einsicht in die wahren Sinnzusammenhänge findet, den narren ihre fehlprojizierten Reflexe. Jeder Mensch ahnt zutiefst, daß es einen Sinn des Schicksals gibt — und wem es beschieden ist, friedlich zu sterben, der erkennt vom Totenbett her zumeist rückschauend die Notwendigkeit all dessen, was ihm im Leben begegnete und zufiel. Aber auch der unvorbereitet ins Sterben Hineingerissene erlebt eine das Bewußtsein erfüllende, panoramatische Lebensrückschau; wir wissen das aus den übereinstimmenden Berichten solcher, die schon nahezu gestorben waren und dennoch unvermutet wieder ins Leben zurückgeholt wurden. In solchen Wendestunden leuchtet die Sinndurchwobenheit des Menschenlebens mit besonderer Evidenz auf — ein apokalyptisches, d. h. wörtlich: ein enthüllendes Erlebnis wird dem Menschen dann zuteil.

So hat es den Anschein, als wenn uns hinsichtlich der Sinnfindung der Tod einer Art Zwangs-Einweihung unterzöge (wie ja auch bereits die Geburt und das ihr folgende irdische Menschenleben nichts anderes sind als Stationen der Einweihung eines Geistes in die Mysterien des Menschenlebens!). Jedoch ein alter Mystikerspruch lautet: „Wer nicht stirbt, bevor er stirbt, / Der verdirbt, wenn er stirbt!" Das ist überspitzt ausgedrückt, weist aber mit Recht darauf hin, daß wir die Erleuchtungen, die uns das Sinndurchwobensein des Lebens finden und ergreifen lassen, nicht erst im Tode gewinnen dürfen, sonst sind wir an den Aufgaben unserer Reifung im Erdenleben fruchtlos vorbeigegangen. Schon im Leben benötigen wir Sinnfindung — und schon im Leben wird uns auch allabendlich eine Art Sterbevorgang zugewiesen: das Versinken in den Schlaf. Die okkulten Richtungen im Geistesleben, die den Menschen als Gott- und Geistfunken erkennen, welcher Seelen-, Lebens- und Leibeshüllen auf Erden benötigt und zur Verfügung hat, weisen ihm von einer solchen wirklichkeitsgemäßen Sicht her den Weg zu seiner Bestimmung und legen dabei besonderen Wert auf Übungsmethoden zur Erlangung eines höheren Wachseins. Leib, Leben und Seele üben sich auf den ihnen wesengemäßen Ebenen der irdischen materiellen Wirklichkeit, während das Geistige im Menschen einer bewußten Geistesschulung bedarf: Geist muß sich dem Geist gegenüberstellen.

Es ist neben dem Gebet der uralte Königsweg der Meditation, der Weg des Yoga, auf den wir hier verwiesen werden — jener Weg der Sammlung, Betrachtung und Verinnerlichung, der in Asien zu den Selbstverständlichkeiten der „inneren Hygiene" gehört und dem sich in Europa weit mehr Menschen mit Beharrlichkeit und höchsten Gewinn widmen, als man gemeinhin ahnt.

Insbesondere die geistig wachsame Betrachtung des vorangegangenen Tages, die allabendliche Tagesrückschau, ist eine solche Meditation von maßgeblicher Bedeutsamkeit: Ehe der Schlaf das innerste

Menschenwesen hinübernimmt in sein geheimnisvolles Reich, aus dem der Ungeschulte keine Bewußtseins-Ernte in den kommenden Tag zurückbringt, tritt der meditierende Mensch gleichsam aus der Verstrickung in sich selbst heraus und läßt in objektiver Schau — als sähe er einen rückläufig vorgeführten Film an — seinen heute gelebten Tag an sich vorüberziehen. Er nimmt mit dieser Übung Todeserlebnisse vorweg: Die Betrachtung der eigenen Biographie aus einer höheren, dem Kraftfeld des niederen Verwobenseins entrückten Bewußtseinslage!

Wer sich solchen Übungen der Tagesrückschau beharrlich hingibt, erlebt alsbald etwas Eigenartiges: Der „rote Faden", der sich geheimnisvoll durch jedes Menschenleben zieht, wird allmählich immer klarer erkennbar, das anscheinend Sinnlose und Zufällige im Alltagsschicksal und in den Unvorhergesehenheiten des Lebens offenbart sich als Anruf, als Förderung zum Ziel hin, als Aufgabe, Warnung oder Bestätigung. Licht des höheren Ich fällt von der Tagesrückschau her auf das sonst so chaotisch Anmutende in unserem Leben. Anstelle einer krankhaften, neurotischen Beziehungsverstrickung mit zuweilen ausgesprochen wahnhaften Zügen tritt echte Beziehungssicht und Sinn-Erhellung. Das Hineinwirken einer Überwelt — der der Mensch mit seinem innersten Wesenskern eingebürgert ist — wird dann zu einer Erfahrungstatsache, das „Reich der Ursachen" tut sich auf, Blicke in die eigene vorgeburtliche Existenz werden möglich und schließlich zur Gewißheit. Damit wird einer nihilistischen Resignation der Boden ebenso entzogen wie einer Fahnenflucht in die Selbstvernichtung (mit der der

Mensch einen besonders tragischen Schicksalsirrtum begeht, denn er kann sich lediglich seines Erdenleibes und Erdenlebens in der jetzt und hier gegebenen Form, nicht aber seines Schicksals entledigen: jenseits der Todespforte bereut jeder Selbstmörder seine Tat).

Die Einsicht liegt nahe, daß der echte Dichter auf besondere Weise prädestiniert ist, solche Bedeutungs-Analyse und Sinn-Findung im Leben zu üben und zu gestalten. Wo liegt schließlich die Grenze zwischen Offenbarung, Inspiration, Intuition, Eingebung, Idee, Einfall? Da nimmt es denn nicht wunder, daß gerade unter den Dichtern so viele vom vorgeburtlichen Leben und mithin vom Überleben des Todes und von der Wiederholung der irdischen Lebensrunden wissen; außer Lessing und Goethe, den bereits genannten, seien hier nur noch Christian Morgenstern, Peter Rosegger, Gustav Meyrink und Gerhart Hauptmann genannt. Das letzte Gespräch, das der zweiundachtzigjährige Hauptmann im Jahre 1944 mit seinem Freunde Hans von Hülsen führte, klang in die Worte aus:

> „Ist der Tod denn wirklich das Ende von allem, wie die glauben, die ihn gerade deshalb fürchten? Ich bin überzeugt, er ist es nicht. Er ist es ebenso wenig wie der nächtliche Schlaf, eins der tausend und abertausend Enden, die wir in einem langen Leben immer wieder durchleben. Jedenfalls, das absolute Ende ist er nicht. Haben wir vor der Geburt gelebt, und daran ist für mich kein Zweifel, davon habe ich zuviel Erfahrungen, so werden wir auch nach dem leben, was die Menschen »Tod« nennen. Ich für mein Teil

halte es mit der indischen Gita, die sagt, daß dem Geborenen das Sterben so sicher ist wie dem Gestorbenen das Geborenwerden. Und, sehen Sie, darum kann mich der Tod nicht schrecken . . ." (zitiert nach Hans von Hülsen, „Freundschaft mit einem Genius, Erinnerungen an Gerhart Hauptmann", Bernhard Funck Verlag, München 1947, Sperrungen von mir).

Wir sehen, wie unmittelbar lebenspraktisch, ja lebensnotwendig die Beschäftigung mit dem gemeinhin Verborgenen für uns Menschen ist. Kein Forschungsgebiet ist wichtiger für uns als das, welches uns Auskunft über unser Woher, Wohin und Wozu geben kann: Und dieses Forschungsgebiet, mögen wir es nun Okkultismus (Beschäftigung mit dem Verborgenen), Xenologie (Lehre vom Fremdartigen) oder, etwas weniger verbindlich, Grenzwissenschaft nennen, mündet ganz von selber schließlich ins Religiöse, über das zu sprechen hier nicht der Ort ist.

Wir dürfen fragen, warum der Okkultismus — obwohl er älter als alles andere Wissen der Menschheit ist: Astrologie, Kultmagie und Geheimsymbolik lassen sich aus Zeiten bezeugen, die noch kein Intellektwissen kannten — gehemmter und schwerer vordringt ins allgemein gültige Weltbild unserer Tage als sonstige Disziplinen menschlichen Forschens. Und wir werden finden: Zwei Hindernisse sind vor allem daran schuld (wenn man absieht vom dritten: der Bemächtigung dieser Gebiete durch Scharlatane — doch das wiegt nicht allzu schwer: denn es gibt auch unter Ärzten schlimme Schablonentherapeuten, ebenso wie es unter Künstlern mehr kalte Routiniers als wahre Meister gibt). Das eine Hindernis ist der Mangel an Einsicht in weiten Kreisen. So glauben z. B. viele Menschen, daß ein psychometrisch Begabter, d. h. einer, der von Gegenständen — etwa einem Ring oder einer Taschenuhr — seelische Aufprägungen „abzulesen" vermag, zugleich auch über prophetische Gaben hinsichtlich der Zukunft (und am Ende gar noch seiner eigenen!) verfügen müsse. Sehen sie ihn dann angesichts solcher Aufgaben, zu deren Lösung sie ihn drängen, Fehlleistungen produzieren, so wähnen sie auch seine Psychometrie damit als Schwindel erwiesen zu haben. Ähnlich steht es auch mit trancemedialen Leistungen. Diese treten oft bei ganz einfachen, in ihrem Persönlichkeitsgefüge schwachen Menschen spontan auf, woraufhin die davon Heimgesuchten zumeist in experimentierende Zirkel geraten: Ihre Leistungen werden — wenn sie bemerkenswert sind — irgendwo in der parapsychologischen Presse veröffentlicht, woraus sich ergibt, daß Gelehrte in fernen Städten, die gerade solche speziellen Phänomene erforschen, mit den betreffenden Versuchspersonen arbeiten wollen: Kurz, man fordert die Medien für weitere Experimentalsitzungen an entlegenem Ort an, honoriert sie in zuweilen beträchtlicher Höhe, läßt sie in Hotels wohnen, geht mit ihnen sorgsam und liebevoll um — was samt und sonders zur Folge hat, daß sie ihren (in der Regel sozial „kleinen") eigentlichen Beruf aufgeben und statt dessen im Glorienschein einer ungewohnten „Prominenz" kreuz und quer durch die Welt reisen. Das jedoch ist, verbunden mit den neuen Lebensgenüssen, der medialen Anlage so abträglich, daß nach einiger Zeit — wenn

der alte Beruf erloschen ist und eine Rückkehr in die engen Verhältnisse von einst keinen Reiz mehr hat — die echten Phänomene ausbleiben. Um nicht in die Scherben der vorherigen Existenz heimkehren zu müssen, beginnen manche Medien in dieser Situation notgedrungen zu „mogeln". Beim heutigen Stande der Kontrollmaßnahmen werden sie selbstverständlich sofort entlarvt, die Entlarvung wandert in großer Aufmachung durch die Presse — und der ahnungslose Leser entnimmt daraus, „daß wieder einmal der Okkultismus, nachdem ihm durch das Medium X. manche Täuschung gelungen war, als Schwindel entlarvt werden konnte". Solche und ähnliche Ereignisse, die nichts gegen das Echte der beobachteten früheren Phänomene des Mediums besagen, hemmen infolge uneinsichtiger und böswilliger Fehldeutung den Fortschritt der Grenzwissenschaften ganz beträchtlich.
Das andere Hindernis besteht in der übertriebenen Ehrfurcht weiter Kreise vor akademischer Forschung, auch wenn diese sich auf unseren Gebieten vorwiegend nur durch schneckenhaft langsames Nachrücken auszeichnet. Da hat Prof. Dr. F. von Neureiter (Riga) z.B. um die Mitte der dreißiger Jahre „nachgewiesen" (durch eine psychiatrische Gelegenheitsbeobachtung), daß es Telepathie — Gedankenübertragung — tatsächlich gibt. Er findet für das Phänomen der Telepathie die ebenso umständliche wie falsche Formulierung: „Wissen um fremdes Wissen, auf unbekanntem Wege erworben". Etwa um dieselbe Zeit konnte ein deutscher Privatdozent feststellen, daß außersinnliche Wahrnehmung wirklich vorkommt. Obwohl diese allergeläufigsten Tatsachen jedem Okkultisten — von

Apollonius von Thyana über Paracelsus, Agrippa von Nettesheim, Eliphas Levi usw. bis Carl du Prel und uns Heutigen — längst bekannt sind, wird solche nachträgliche Feststellung durch rückständige Gelehrte nicht etwa zu deren abträglicher Kennzeichnung verwertet, sondern es ergrünt ihnen daraus in der Öffentlichkeit ein wahrhaft lächerlicher Lorbeer. Die modernen Grenzwissenschaften sind, was ihre Pioniere betrifft, bereits weit in höchstdifferenzierte Spezialprobleme vorgedrungen. Es wird Zeit, das schneckenhafte Nachrücken der Schulwissenschaft nicht mehr zu bewundern, sondern zu bemitleiden! Dann werden Zeit und Kraft für die wirklich fortschreitende Forschung erspart — und die zweite der großen Hemmungen fällt weg.

Wenn es heute zahlreiche Menschen gibt, die sich selbst als Okkultisten bezeichnen und sich damit vom allgemein üblichen (viel zu engen) Weltbild absetzen, so geschieht das nicht, weil sie Sektierer sind; gemessen an ihnen sind vielmehr die nicht okkult Wissenden diejenigen, die sich mit einem Ausschnitt der Gesamtwirklichkeit, einem Sektor, begnügen und die deshalb weit eher die Kennzeichnung als Sektierer verdienen. Vielmehr kann der Okkultist einfach nicht die Geduld aufbringen, auf das allzu langsame Sichzurechtfinden einer metaphysisch unbegabten, blinden oder gar fanatisch metaphysikfeindlichen Hochschulwissenschaft und „Allgemeinbildung" zu warten, indessen ihm bereits längst die Fülle der Realitäten erkenntnismässig oder auch praktisch zur Verfügung steht. Was es mit der Praxis auf sich hat, kann hier — in einem Einführungswerk — nur angedeutet werden.

Schlagen wir die Schlußtabelle des Textes von Dr. Carl du Prel auf, so finden wir unter den Kennworten, die das Gesamtgebiet der Geheimwissenschaften umreißen (soweit es sich auf den Menschen bezieht), folgende: Schwarze Magie, weiße Magie, Magnetismus, religiöse Mystik, Spiritismus, Hypnotismus.

Aber es gibt eigentlich keine schwarze oder weiße Magie, sondern nur einen schwarzen oder weißen Magier, denn Magie ist das praktische Handhaben okkulter Kräfte zum Zwecke einer Veränderung des irdisch Gegebenen —: wird dieses Handhaben an sich indifferenter Kräfte im widergöttlichen Sinne gebraucht, so ist der es also Brauchende, der Magier, schwarz, wird es aber im Einklang mit dem Weltenziel betätigt, so ist der Magier weiß.

Der Magnetismus — sei es in der ursprünglichen, durch Franz Anton Mesmer gelehrten Form, sei es im Sinne der Huter-Schule (Carl Welkisch) oder im Sinne der Theosophie (vgl. C. W. Leadbeaters Fundamentalwerk „Die Chakras", deutsche Ausgabe Ring-Verlag Ernst Pieper, Düsseldorf 1928) — ist eine therapeutische Methode von menschengemäßer Letztgültigkeit.

Die religiöse Mystik stellt eine Seelenstillungsmethode dar, ohne deren wenigstens teilweise Beherrschung der Mensch nie zum Einklang mit seinem Wesenskern gelangt: Mystik kommt vom griechischen Wort „myein", die Augen schließen, und bedeutet „Aufhebung des Gewahrwerdens zugunsten des Innewerdens" (eine Formulierung des Indologen Heinrich Zimmer, um den Raja-Yoga zu kennzeichnen, der nichts anderes ist als systematisch in Übungsform gebrachte mystische Praxis).

Der Mystiker und der Yogi suchen und finden „Einung", „Verschmelzung", „mystische Hochzeit": Das „Fünklein" Gottessubstanz in uns (wie Meister Ekkehard es nennt) wird durch Innenschau zum Aufleuchten gebracht, bis es zusammenschlägt mit dem „unerschaffenen Lichte"; indisch ausgedrückt: der Yogi dringt zum Ishvara, zum „Herrn im Ich" vor und erlebt dessen Wesenseinheit mit der Gottheit. Vom Methodischen der Mystik ist heute ein Außenbezirk — unter bewußtem Rückgriff auf indische Yoga-Methoden — für die seelenärztliche Praxis bedeutsam geworden: das „autogene Training". Auch sonst rückt die Psychotherapie langsam dorthin, wo der erleuchtete Osten seit Jahrtausenden siedelt.
Vom Spiritismus spricht du Prel in seiner Tabelle mit einem Hinblick auf die Techniken: mediale Sitzungen, Schreib- und Sprechmedialität usw. Dabei ist jedoch die größte Kritik vonnöten; denn ein Verstorbener ist, wenn er sich in Erdnähe befindet, zunächst nichts anderes als er vorher war, nur hat er keinen physischen Leib mehr. Aussagen nur deshalb für autoritär zu halten, weil sie einen Jenseitigen zum Urheber haben, ist naiv — auch dann, wenn es sich um Berichte über das Jenseits selber handelt. In meinen Ausführungen über das Wesen der „Strandreiche" (ein von J. Schneider-Franken geprägtes Wort) gab ich den Grund dafür an.
Der Hypnotismus schließlich bedarf gar keiner Rechtfertigung mehr im Hinblick auf seine praktische Bedeutsamkeit in der Psychologie und Psychiatrie. Wichtig zu wissen ist nur, daß ihn noch vor wenigen Jahrzehnten internationale Autori-

täten wie der Mediziner Rudolf Virchow und der Psychologe Wilhelm Wundt als angebliche „Sachverständige", von kleineren „Autoritäten" zu schweigen, für bekämpfenswerten Schwindel hielten.

Zur okkulten Praxis gehört ferner die universelle Signaturenlehre, deren deutungswissenschaftliche Spezialzweige Astrologie (Analogiebeziehungen zwischen Sternenhimmel und Mensch), Chirologie (die Hand als Wesens und Schicksalsspiegel) sowie Homöopathie (Auswertung der subjektiven und objektiven Signaturen eines Kranken für die Arzneifindung) heute weitgehende Anerkennung finden; über das durchaus Okkulte der echten Homöopathie vgl. mein Buch „Hahnemann, die Idee der Homöopathie" (Suhrkamp-Verlag vormals S. Fischer, Berlin-Frankfurt a. M. 1944). Den okkult zu bewirkenden Umwandlungen im Bereich irdischer Stoffe widmet sich die Alchymie, der Erweckung höherer Erkenntnis durch Entbindung okkulter Kräfte in Buchstaben, Worten und Zahlen die Kabbalah. Schulungssysteme mystischer und magischer Richtung, die von Buchstaben, Worten und Gebärden ausgehen und zur Schaffung des „unverweslichen Lebendigen" in uns führen, sind „die Wissenschaft des Schlüssels (Ilm el Miftach) der arabischen Freimaurer, die Zeichen-, Griff- und Wortpraxis der esoterischen Freimaurerei (J. B. Kerning, Karl Weinfurter), die Mantra-Praxis des Yoga (Radhasvami-Satsang) und die praktische Logistik (Peryt Shou). Ein von der Imagination ausgehendes System der Einweihung ist mit dem Tarot gegeben, einem aus 22 Haupt- und 56 Nebenkarten bestehenden Bilderwerk, das in profanen Kreisen schließlich zum banalen Kartenspiel Tarock entartete; dem Tarot haben sich insbesondere Court de Gébelin, der Pariser Perückenmacher Etteilla (Alliette), Eliphas Levi, sein Schüler Papus, Oswald Wirth, Gustav Meyrink, Aleister Crowley, Ernst Kurtzahn und Frank Glahn gewidmet.

Von den primitiven Formen der Suggestion und Hypnose reicht das Gebiet der Geheimwissenschaften über die verschiedenen Signaturenlehren (z. B. Astrologie, Chirologie usw.) bis zur Prophetie und zur „Alchymie des Menschen" (Verwandlung von Tier- in Gottmenschen, wie Gustav Meyrink es formulierte); die Welterneuerungs-Bevollmächtigung, die „Generalreformation der ganzen Welt" (eine Programmformulierung der Rosenkreuzer) ist das Ziel. Ein weites Gelände! Es bleibt Philistern unzugänglich. Wohlmeinenden Fernstehenden ist es ein Terrain der Illusionen, gekennzeichnet durch Goethes Wort: „Den lieb ich, der Unmögliches begehrt!" — für Sucher, Finder und Verkünder aber, die dort wirklich wandern und schließlich siedeln, gilt der Vers des Novalis:

Hätten die Nüchternen
einmal gekostet,
Alles verließen sie
und setzten sich zu uns
an den Tisch der Sehnsucht,
der nie leer wird.

Dr. Carl du Prel, 1839—1899, veröffentlichte 1892 mit seinem „Rätsel des Menschen" die bislang klarste, knappeste und zugleich tiefstgreifende Einführung in das Studium der Geheimwissenschaften, die wir in deutscher Sprache besitzen. Die gründlich ergänzte und kommentierte Neuausgabe des Buches, die ich hier vorlege, ist gerechtfertigt durch du Prels außerordentliches pädagogisches Geschick und durch seine vornehme, philosophische Darstellungsweise, die das kleine Werk über den Wandel der geistigen Moden und Wirrnisse erhebt. Ich habe es — insbesondere in den ausführlichen Anmerkungen, die ausnahmslos von mir stammen, aber auch mitder Einleitung und dem von mir zusammengestellten Studienplan am Schluß — auf den neuesten Stand gebracht, ohne dabei aus den Augen zu verlieren, daß es sich um eine Einführung in ein Studium handelt, dem Leser also eigenes Weitersuchen und Weiterschreiten nicht abgenommen werden darf, wenn er wirklichen Nutzen haben will.
Meine Textveränderungen beziehen sich nur auf Kleinigkeiten. Daß Rechtschreibung, Orthographie und kleine stilistische Eigenheiten dem gegenwärtig Gültigen angeglichen wurden, versteht sich von selbst. Wo du Prel Fachausdrücke verwendet, die nicht jeder Laie kennen kann, änderte ich sie in deren Verdeutschung um. Zeitangaben ergänzte ich auf das heute Zutreffende; sagt du Prel z. B. „vor rund 50 Jahren", so änderte ich in: „vor rund 100 Jahren". Bei Zitaten, die du Prel zeilenlang deutsch und in der Originalsprache bringt, strich ich den fremdsprachlichen Text. Auch einige wenige Textstellen, die heute sinnwidrig oder vollkom-

men uninteressant sind wegen ihrer damaligen politischen Augenblicksdeutung, strich ich guten Gewissens fort, so z. B. wenn du Prel von der Tatsache berichtet, daß noch kein Flugzeug erfunden sei, oder wenn er gegen den Kaiser-Attentäter Hödel oder das preußische Schulgesetz polemisiert.
Selbstverständlich war auch du Prel ein Kind seiner Zeit und zollte ihr den schuldigen Tribut. Seine übertriebene Ehrfurcht vor Kant muß aus dem damaligen Kant-Kultus verstanden werden, der jeden Denker als Irrdenker abtat, wenn er sich nicht vor Kant zu rechtfertigen vermochte.
Ebenso muß man dem z. T. verwaschenen Sprachgebrauch du Prels — den ich in den Anmerkungen präzisierte — die damalige Neuartigkeit seines Forschungsgebietes zugutehalten. Daß er Astral- und Ätherleib gleichsetzt, hängt mit dem damaligen Stande der okkulten Forschung zusammen, etwa so wie man vor einigen Jahrhunderten arterielles und venöses Blut noch nicht zu unterscheiden vermochte. Wo er konkret Metaphysisches, Okkultes meint, bedient er sich zumeist des Fachausdrucks „transzendental". Leider bezeichnet er durchgehend das okkulte Forschen und Finden, die Geheimwissenschaft in Theorie und Praxis, als „Mystik". Das ist nicht nur mißverständlich, sondern auch falsch. Mystik ist eine religiöse Methodik, die auf ein Verwehen des Ich in der Gottheit zielt und sich dazu der Weltabkehr und Innenschau bedient. Was du Prel jedoch betreibt und lehrt, ist Forschung, Erkenntnis, Bestreben nach Einweihung ins Weltgeheimnis. Man muß also beim Lesen seines Buches das Wort „Mystik" stillschweigend durch „Geheimwissenschaft", „for-

schende Metaphysik" oder „Okkultismus" ersetzen.

Dr. Carl du Prel war ein vielseitiger, universell gebildeter Mann. Sein Eintreten für den Okkultismus kostete ihn sein Ansehen als Gelehrter und Philosoph. Er hat u. a. auch eine Entwicklungsgeschichte des Weltalls, eine Psychologie der Lyrik, ein südeuropäisches Wanderbuch und einen Roman („Das Kreuz am Ferner") verfaßt. Seine Bedeutung wird uns erst heute klar, sein Schaffen erst heute fruchtbar. Dennoch muß unsere Devise beim Studium seiner gewichtigen Werke heißen: Vorwärts mit du Prel über du Prel hinaus!

Die vorliegende Ausgabe enthält durch die von mir beigefügten Ergänzungen gleichsam eine zweite Einführung in das Studium der Geheimwissenschaften — eine in zwei Jahrzehnten der positiven Mitarbeit an ihrem neuzeitlichen Werden und Wachsen möglich gewordene. Ich widme sie meiner Frau Johanna Maria.

Bad Pyrmont, in der Adventzeit 1949.

Dr. Herbert Fritsche

VORWORT DES VERFASSERS

Die vorliegende Schrift ist aus zwei Vorträgen entstanden, die in München gehalten und dann in der Zeitschrift „Sphinx" veröffentlicht wurden. Hier sind sie erweitert und verschmolzen. Ich möchte aber diese „Einleitung in das Studium der Geheimwissenschaften" nicht etwa nur von den Gegnern beherzigt wissen, sondern auch von den Anhängern; denn es wird innerhalb der Mauern Ilions nicht weniger gesündigt als außerhalb derselben. Es ist sogar ein gemeinschaftlicher Fehler der Gegner wie der Anhänger, daß sie das Wiederaufleben der Geheimwissenschaften als ein reaktionäres Phänomen betrachten.

Was zunächst die Gegner betrifft, so halten sie die Errungenschaften der modernen Wissenschaft für gefährdet und glauben den wüsten Aberglauben vergangener Kulturepochen wieder auftauchen zu sehen. Wenn nun die Phänomene, um die es sich in den Geheimwissenschaften handelt, untrennbar wären von ihrer mittelalterlichen Erklärung, wenn die Geheimwissenschaften samt dieser Erklärung wiederaufleben würden, dann wären wir allerdings in einem Rückschritt begriffen. Wenn wir in allen Somnambulen nur Besessene, in allen Medien nur Hexen und Zauberer sehen würden, die durch den Bund mit dem Satan in den Besitz ihrer abnormen Kräfte und Fähigkeiten gekommen seien, dann allerdings wäre die moderne Mystik[1]) ein reaktionäres Phänomen. Aber von solchen Erklärungen ist ja keine Rede mehr. Es wird lediglich die Tatsachenfrage neu aufgeworfen, ob die Phänomene der Geheimwissenschaften überhaupt existieren, eine Frage, welche von der seichten Aufklärungsperiode übereilt verneint wurde. Das eben war der Fehler dieser Aufklärung, daß sie die Phänomene für untrennbar hielt von ihrer damaligen Erklärung: da man nun die Erklärung verwarf, glaubte man damit auch die Tatsachen beseitigt zu haben, d. h. man hat das Kind mit dem Bade ausgeschüttet. Diesen Fehler gilt es heute zu vermeiden. und wenn er vermieden wird, dann wird auch der Schein einer Reaktion verschwinden. Die Pythia in Delphi galt im Altertum als inspiriert durch Apollo, im Mittelalter würde sie als Besessene exorzisiert worden sein, heute würde sie als Somnambule definiert werden. Die Tatsachen bleiben und nur die Erklärungen wechseln.

Nun läßt sich aber nicht leugnen, daß auch die Anhänger der Geheimwissenschaften diesen vielfach nur ein reaktionäres Verständnis abgewinnen. Besonders ist die Zahl jener Spiritisten beträchtlich, welche meinen, mit dem Unsterblichkeitsglauben werde nun auch der ganze Kirchenglaube mit seiner ganzen orthodoxen Beschränktheit wieder aufleben. Aber der Unsterblichkeitsglaube hat schon in den verschiedensten religiösen Systemen Platz gefunden, ist also mit keinem derselben untrennbar verwachsen. Es kann also dieser Bestandteil des Kirchenglaubens sehr wohl seine Neubegründung finden, ohne daß wir darum genötig wären, das ganze

System in Kauf zu nehmen, darin er sich eingegliedert findet.
Die Geheimwissenschaften in ihrer modernen Form sollen überhaupt nicht zu einem Glauben verleiten, sondern ein neues Wissen vorbereiten, und schon darum verweisen sie nicht zurück in die Vergangenheit, sondern weit voraus in die Zukunft. Sie sind berufen, für die Weltanschauung der Zukunft, die sich schon heute in der Bildung begriffen zeigt, jenen sehr wichtigen Bestandteil zu liefern, welcher die Lösung des Menschenrätsels betrifft. Einmal vollendet, wird diese Weltanschauung ihre große Bedeutung schon darin offenbaren, daß sie als Synthese von Religion und Wissenschaft, von Metaphysik und Naturforschung dastehen wird. Sie wird sich nicht einseitig an das Herz des Menschen wenden, wie die Religion, aber auch nicht einseitig an den Verstand, wie die Wissenschaft. Sie wird keine in Dogmen erstarrte Religion des blinden Glaubens sein, wird aber auch nicht jener Wissenschaft gleichen, von deren Lehrstühlen heute ein eiskalter Windzug auf das Volksleben herabweht. Als Metaphysik wird sie sich nicht bloß in begrifflichen Konstruktionen bewegen, sondern gleich der Naturwissenschaft eine Grundlage von Erfahrungstatsachen haben, die sogar experimentell erforscht werden können.
Trotz aller Unklarheiten, welche der derzeitige Gärungsprozeß mit sich bringt, können doch — das soll die vorliegende Schrift zeigen — die Grundlinien jener künftigen Weltanschauung schon heute so weit entworfen werden, daß sie die Form eines geschlossenen Systems verrät. Diese Weltanschauung wird nicht auf eine Gelehrtenkaste beschränkt sein,

wie unsere heutige Philosophie, sondern sie wird in innigem Zusammenhang mit unserem Kulturleben stehen: weil in ihr der Mensch eine neue und vertiefte Definition erhalten wird, wird sie folgerichtig auch neue Zwecke des Daseins und neue Ziele des menschlichen Strebens erkennen lassen. Weit entfernt, reaktionär zu sein, ist sie also vielmehr berufen, unser ganzes Kulturleben zu verjüngen.

München, im April 1892.

Dr. Carl du Prel

DAS RÄTSEL DES MENSCHEN

Inwiefern ist der Mensch ein Rätsel? Mindestens insofern, als die Physiologie und physiologische Psychologie noch unfertige Wissenschaften sind. Aber weniger davon soll hier geredet werden, als vielmehr von jenem Rätsel, welches noch übrig bliebe, wenn diese Wissenschaften abgeschlossen wären. Es wäre ganz interessant, wenn wir schon heute genau wüßten, was der Mensch in physischer Hinsicht ist; aber auch dann noch wären gerade die Hauptfragen unerledigt: Woher kommen wir? Wozu leben wir? Wohin gehen wir?

Man könnte sagen — und viele sagen es —, daß diese Probleme überhaupt nicht existieren; im Nachfolgenden wird sich aber zeigen, daß sie allerdings gegeben sind. Sind sie aber gegeben, dann erfordern sie auch dringend ihre Lösung, und zwar aus verschiedenen Gründen, von welchen aber der des egoistischen Interesses allein schon hinreichend wäre, uns zur Besinnung aufzufordern. Es muß zudem als ein wissenschaftlicher Skandal bezeichnet werden, daß der Mensch, der doch die Spitze der irdischen Schöpfung bildet, nicht einmal über sich selbst im klaren ist. Wir haben vor den Tieren das Selbstbewußtsein voraus; aber dessen können wir uns wenig rühmen, solange unser Selbst uns ein Rätsel ist.

Wie kommt es nun aber, daß unser Selbstbewußtsein ein zu kleines Licht ist, das Rätsel unseres Selbst zu erhellen? Um diese Frage zu beantworten, müssen wir auf die Ursache unserer Existenz zurückgehen, stehen aber damit sofort vor drei diametral entgegengesetzten Anschauungen: die materialistische, die pantheistische und die mystische. Nach der materialistischen Ansicht beginnt unsere irdische Existenz bei der Geburt, und die geringe Leuchtkraft unseres Selbstbewußtseins ist biologisch und physiologisch bedingt; die irdische tote und blinde Materie soll sich ganz von selbst — aber fragt mich nur nicht, wie? — bis zur Empfindung und zum Bewußtsein entwickeln und im biologischen Prozeß noch weiter steigern; der derzeitige Entwicklungsgrad reicht noch nicht aus, das Menschenrätsel zu lösen. Die pantheistische Anschauung läßt uns hervorgehen aus einer metaphysischen Weltsubstanz, die zwar auch blind ist, aber doch einen Drang hat, zur Erkenntnis ihrer selbst zu kommen, und zu diesem Behufe den Weltprozeß in Szene setzt; diese Selbstbesinnung Gottes erreicht ihren derzeit höchsten Stand im Menschengehirn, ist aber dennoch schlimm daran, da das Licht sich als zu klein erweist. Ganz anders die mystische Anschauung; bei dieser ist die Geburt nicht der Beginn unserer Existenz, sondern es geht dem irdischen Leben ein ganz anderes, individuelles Dasein voraus, das wir aber bei der Geburt vergessen. Demnach wäre die Kleinheit unseres Selbstbewußtseins aus der bei der Geburt eintretenden Verkleinerung desselben zu erklären.

Vergleichen wir nun diese drei Anschauungen, so wird mancher sagen, die materialistische sei plausibel und klar, die pantheistische schwieriger zu denken und ziemlich dunkel, die mystische aber ganz undenkbar und ganz dunkel. So ist es aber nur dem Anschein nach; in Wirklichkeit verhält es sich sogar umgekehrt. Der Materialismus ist allerdings klar, aber nur, weil er seicht ist, auf metaphysische Einsicht überhaupt verzichtet. Der Pantheismus ist viel tiefer, hat aber den Nachteil, niemals durch Tatsachen bewiesen werden zu können, immer nur Spekulation bleiben zu müssen. Dagegen kommt gerade der scheinbar so dunklen mystischen Anschauung in Wirklichkeit Klarheit ohne Seichtigkeit zu, und da sie zudem durch Tatsachen der Erfahrung bewiesen werden kann, würde sie schon längst anerkannt worden sein, wenn diese Tatsachen beachtet worden wären.

Von diesen Tatsachen soll noch geredet werden. Zunächst aber soll ein bloßer Vergleich den Leser in die mystische Anschauung einführen und dartun, daß die Kleinheit unseres Selbstbewußtseins in der Tat das Resultat einer Verkleinerung sein könnte. Dieser Vergleich erklärt zwar den Vorgang nicht, beweist aber wenigstens seine psychologische Möglichkeit.

Denken wir uns folgenden Fall: Auf einem Schiffe, das im Stillen Ozean segelt, wird ein Matrose in hypnotischen Schlaf versetzt und erhält die Suggestion, bis gegen Abend fortzuschlafen, dann aber ohne jede Erinnerung an seine Vergangenheit zu erwachen. Nachdem ihm diese Suggestion fest eingeschärft worden ist, wird der Matrose in ein Boot hinabgetragen und auf einer kleinen Insel ausgesetzt; das Schiff fährt aber mit vollen Segeln davon.

Nach dem Erwachen nun würde dieser Matrose vollkommen einem neugeborenen Menschen gleichen, mit dem Unterschiede nur, daß er als ausgereiftes und verständiges Wesen auf seine Welt gekommen wäre; er würde sein Dasein als Mann beginnen. Ganz vergeblich würde er darüber nachsinnen, wer er sei und wie er in diese ihm vollkommen fremde Natur gekommen. Ohne jede Erinnerung an seine Vergangenheit würde er über sich selbst und den Ort, wo er erwacht, in einem Grade staunen, ja erschrecken, daß er leicht tiefsinnig werden könnte.

So weit sein Blick reicht, dehnt sich der Ozean, — ein Bild, wie er es noch nie gesehen zu haben glaubt. Er wendet sich landeinwärts, um sich auf seiner Insel zu orientieren, aber alles erscheint ihm befremdend; er erinnert sich nicht, je Dinge dieser Art gesehen zu haben: Pflanzen und Tiere, Berge und die Wolken, die darüber ziehen. Endlich sieht er auch Wesen seinesgleichen; er eilt auf sie zu, um von ihnen Aufschlüsse zu erhalten; aber sie alle sind in der gleichen unbegreiflichen Lage; sie wissen nicht, wer sie sind, noch woher sie gekommen sind. Eine Gesellschaft in so merkwürdiger Lage würde sich verzehren in Grübeleien über sich selbst und ihre Insel; aber alles Nachdenken und gegenseitige Fragen würde die unergründliche Fatalität nicht aufhellen, vermöge welcher sie hier sind. Mit einem Gemisch von hoher Bewunderung und tiefer Verwunderung würden sie als ein nie gesehenes Schauspiel die Sonne untergehen sehen, die mit einer goldig flutenden Lichtbrücke den Ozean überspannt, und grenzenlos wäre wiederum ihr Erstaunen, wenn am dunklen Himmel tausende von Sternen aufzukeimen beginnen.

Mit der Zeit freilich würden die leiblichen Bedürfnisse sie von ihren Grübeleien ablenken. Hunger und Durst, Ermüdung und Schlaf stellen sich ein; die

Unbilden der Witterung nötigen, nach einem Obdach sich umzusehen, und so würde denn auf dieser Insel die merkwürdigste Robinsonade anheben, die sich denken läßt; denn Robinson brachte auf seine Insel Kulturerinnerungen mit, während unsere Inselbewohner alles neu ersinnen und erfinden müßten.

Es ist nicht nötig, diese Situation noch weiter auszumalen, und auch darauf, ob eine hypnotische Ausleerung des Gehirns so weit gehen kann — es sind ja Experimente ähnlicher Art gemacht worden —, daß das Erwachen aus dem Schlafe einer Neugeburt völlig gleichkäme, kommt es hier nicht an. Ich habe trotzdem nicht von ganz imaginären Dingen gesprochen: Die Insel, von der die Rede ist, heißt die Erde; der Ozean, der sie umfließt, heißt der Weltraum; die Wesen, die sich auf der Insel begegnen, heißen Menschen, und die langwierige Robinsonade, die sie aufführen, heißt Kulturgeschichte der Menschheit.

In der Tat, wenn wir mit einiger Besonnenheit über unsere eigene irdische Lage nachdenken, so trifft der Vergleich mit jenen Inselbewohnern in allen Punkten zu, mit Ausnahme eines einzigen: wir erwachen nicht mit ausgebildetem Bewußtsein als ausgereifte Wesen, sondern mit unentwickeltem Bewußtsein als hilflose Geschöpfe. Da dieses der einzige Unterschied ist, so kann es auch nur an diesem einzigen Punkt liegen, daß wir uns ganz anders verhalten als jene Inselbewohner. Diese erwachen als tiefsinnende Philosophen, denn Philosoph ist, wer sich über sein Dasein und das der Welt zu verwundern vermag. Wir dagegen gewöhnen uns im Verlaufe unserer Kindheit an den

Anblick der Dinge und unserer eigenen Existenz so sehr, daß sie, weit entfernt, uns bestürzt zu machen, uns wie von selbst verständliche Dinge erscheinen. Wenn unser Bewußtsein seine Reife erlangt hat, ist es durch die abstumpfende Macht der Gewohnheit verwunderungsunfähig geworden, und so gehen wir in unserem Leben ganz in den praktischen Beschäftigungen auf. Manchmal freilich kommt den Besonneneren das Unbegreifliche unserer Lage ins Bewußtsein, und die beiden Rätsel, Welt und Mensch, werden von Religionsstiftern und Philosophen als Gegenstände, des Nachdenkens wert, ja als die wichtigsten Gegenstände erklärt, womit der Menschengeist sich befassen kann; aber ihre Bemühungen, uns zur Besinnung zu bringen, haben schon darum nie tiefen und dauernden Einfluß auf uns gewonnen, weil sie in der Lösung der beiden Rätsel nicht übereinstimmten.
Immerhin hat sich überall und immer, wenn nicht die klare Erkenntnis, so doch das dunkle Gefühl in der Menschheit geltend gemacht, daß es etwas höchst Sonderbares um den Menschen und seine Stellung in der Welt ist. Ganz von selbst verständlich hat es der Menschheit nie erscheinen wollen, daß wir uns auf dieser kosmischen Insel befinden, ohne zu wissen wohin und wozu. Schon unser Drang, uns auf unserer Insel besser zu orientieren, entspricht nicht bloß praktischen Bedürfnissen, sondern auch einem objektiven Interesse und der Hoffnung, vielleicht auf diesem Wege auch unser eigenes Rätsel zu lösen; aber die Religionsstifter und Philosophen betonen immer wieder, daß wir mit bloßen naturwissenschaftlichen Streifzügen auf unserer Insel keine Klarheit erreichen werden, daß

vielmehr hinter aller Physik noch etwas liegen muß, eine Metaphysik, und erst dort liege die Auflösung des Rätsels.[2])

Es treten oft Kulturepochen ein, in welchen der Glaube an Metaphysik allseitig angenommen wird, ja sogar feste Formen gewinnt. Aber immer wieder kommen Perioden des Zweifels nicht bloß an diesen Formen, sondern am Probleme selbst. Es entsteht dann jene merkwürdige Kopfkrankheit, welche Schopenhauer die metaphysische Bedürfnislosigkeit nennt, und die oft epidemisch auftritt und lange anhält.[3]) Wer sich dann noch soviel Verwunderungsfähigkeit und Besonnenheit bewahrt, um die Lage der Inselbewohner für merkwürdig zu halten, gilt für einen Schwärmer und Selbstquäler. In unseren Tagen hat diese Krankheit sogar die Form eines wissenschaftlichen Systems angenommen, das sich Materialismus nennt. Die Materialisten sind sogenannte Gedankentemperenzler; sie behaupten mit größter Bestimmtheit, unserer Ankunft auf dieser Insel sei überhaupt nichts vorhergegangen, und unserem Abtreten von derselben, dem Tode, werde nichts folgen; es liege auch gar kein Menschenrätsel vor, denn wir seien Produkte der Insel selbst, und ganz von der gleichen Materie, wie diese. Nun habe sich diese Materie aus eigener Kraft zur organischen Materie hinaufgesteigert — wie der Baron Münchhausen sich selber am eigenen Schopf aus dem Sumpfe zog —, und so seien eben Leben und Denken schließlich Eigenschaften der Materie geworden.

Die Welt ist den Materialisten ein physikalisches Problem, der Mensch ein chemisches. Das sind sie nun freilich in der Tat, aber das hindert nicht, daß sie zugleich metaphysische Probleme seien. Wäre die Welt bis zum letzten Fixstern als physikalisches Rätsel ganz und gar und bis ins Kleinste erklärt, so stünden wir damit vor einem so erstaunlichen Ding, daß jeder Besonnene dann erst recht zum Bewußtsein des metaphysischen Rätsels käme, wie jener indische König, der an seinem Hofe viele Gelehrte hielt, die manchmal bei ihm zusammenkommen und dozieren mußten, sie wußten vortrefflich von allem zu sagen, was und wie es sei, konnten aber den König doch nicht befriedigen, und wenn sie fertig waren, schloß er die Diskussion jedesmal mit der Frage: „Ja, warum ist denn überhaupt etwas?" Darauf aber wußten seine Gelehrten nie eine Antwort.

Der Materialist sieht an der Welt nur die mechanische Seite, und weil er nur gesetzmäßig wirkende Kräfte erkennt, erscheint ihm die ganze Natur als ein Spiel ohne Zweck und Ziel. Weder die Welt noch unser eigenes Dasein haben für ihn einen Zweck. Mechanische Gesetzmäßigkeit und vernunftlose Zwecklosigkeit sind ihm identische Begriffe. Dies ist der Grundgedanke des Materialismus, aber auch sein fundamentaler Irrtum; denn Zwecke können ja sehr wohl und werden sehr vielfach auf dem Wege des gesetzmäßigen Mechanismus erreicht. In solchen Fällen ist die Zweckmäßigkeit sogar um so unbestreitbarer und um so vollkommener, je vollkommener der Mechanismus ist. Bei unseren Taschenuhren, bei jeder technischen Erfindung ist der Mechanismus in den Dienst eines Zweckes gezogen; das Gleiche könnte also sehr wohl von der Welt gelten.

Die naturwissenschaftliche Definition der Dinge

betrifft überhaupt nur die Außenseite, nicht das Wesen. Goethes Faust läßt sich naturwissenschaftlich auflösen in aus Lumpen gefertigtes Papier nebst Druckerschwärze; eine Arie von Mozart läßt sich naturwissenschaftlich erklären als eine Reihe von aufeinanderfolgenden Schwingungen der Luft. Aber Goethe und Mozart würden sich bedanken, wenn eine solche Definition für erschöpfend gehalten würde; und ebenso haben sich die Besonneneren unter den Menschen von jeher dafür bedankt, die naturwissenschaftliche Erklärung der Welt für eine erschöpfende halten zu sollen. Die Welt ist ganz unbestreitbar ein naturwissenschaftliches Problem, nebenbei aber noch ein ästhetisches, ethisches und metaphysisches. Das haben von jeher alle anerkannt, deren Geist nicht an der Oberfläche der Dinge haften blieb.

Freilich ist es das schwierigere Stück Arbeit, welches die Naturwissenschaft noch übrig läßt. Jene eingangs erwähnten Inselbewohner hätten für die Aufklärung ihrer Situation noch sehr wenig getan, wenn sie ihre Insel noch so genau erforscht hätten. Die Menschheit hat aber bezüglich der Welt noch nicht einmal dieses geleistet.

Unser Wissen ist Stückwerk. Die Erfahrungswissenschaften, welche wir betreiben, sind weit davon entfernt, abgeschlossen zu sein, und es ist vorweg gewiß, daß immer neue Wissenszweige entstehen werden. Es kann darum auch vorläufig noch keine Rede davon sein, daß unsere Philosophie, unsere Weltanschauung irgendwie vollendet wäre. Das ist um so weniger der Fall, als gerade die für die Begründung einer Weltanschauung wichtigsten Naturerscheinungen uns vorzugsweise dunkel und rätselhaft sind. Die Astronomie umfaßt das größte Weltstückund hat die exakteste Ausbildung erfahren,[4]) aber mit der Erkenntnis des bloß äußeren Naturschauplatzes ist philosophisch wenig gedient, und im Anblick der Gestirne erfahren wir nur Eindrücke, die mehr oder weniger in der Gefühlssphäre stecken bleiben, wobei aber die Welt doch nur ein großes Fragezeichen bleibt. Schränken wir aber unseren Blick auf die Erde ein, so sind wir nicht weniger mißlich daran. In der Mineralogie z. B. ist das meiste klar, aber philosophischen Gewinn können wir daraus nicht ziehen. In der Biologie dagegen, die ungleich wichtiger ist, wimmelt es von Rätseln. Der Mensch aber, die höchste aller Naturtatsachen, ist zugleich das größte aller Rätsel. Nicht einmal nach seiner physiologischen Seite ist er ganz begreiflich;[5]) die Psychologie aber, die sich mit seinen höchsten Funktionen beschäftigt, ist so sehr der Kampfplatz der Meinungen, daß die entgegengesetztesten Definitionen des Menschen vorliegen. Für den einen sind wir ein Haufe von Chemikalien, für den anderen eine Emanation Gottes.

Nun hängt aber von der Psychologie gewissermaßen das Schicksal der ganzen Philosophie ab; denn wie der Mensch nur aus seinen höchsten Funktionen heraus genügend erklärt werden kann, so die Natur nur aus ihrer höchsten Erscheinung heraus, und das ist eben wieder der Mensch, welcher die Blüte wenigstens der uns bekannten Natur bildet. Der Philosoph also, der Metaphysik treibt, ohne vorher der Psychologie gerecht geworden zu sein, würde einem Botaniker gleichen, der bei der Erklärung des Obstbaumes von dessen Frucht absehen wollte.

Die Naturtatsachen sind nun einmal für die Erklärung der Welt nicht gleichwertig, und sie sind leider um so dunkler, je wichtiger sie sind. Wir müssen also die Versuche, das Welträtsel zu lösen, vertagen, bis wir vorerst das Menschenrätsel gelöst haben, und zwar ganz besonders die psychologische Seite desselben, d. h. das Rätsel der menschlichen Seele. Nun haben sich damit allerdings von jeher die größten Geister beschäftigt, aber wie wenig noch erreicht worden ist, zeigt sich an der Tatsache, daß der Gegensatz zwischen Materialismus und Spiritualismus heute noch so scharf ist wie im Altertum, ja sogar schärfer, weil beide Parteien zum immer präziseren Ausdruck ihres Stichwortes und seiner Begründung gelangen. Manche Zweifler haben aus dieser Vergeblichkeit des langen Streites schon geschlossen, daß die Seele zu den unlösbaren Problemen gehört, von welchen es nicht nur heißt „Ignoramus", sondern „Ignorabimus".
Sollen wir nun wirklich die Flinte ins Korn werfen? Ich glaube das nicht. Ein definitiver Verzicht wäre erst dann geboten, wenn es erwiesen wäre, daß man die Lösung auf dem richtigen Wege gesucht und bereits alle Mittel erschöpft habe. Sobald sich aber nachweisen läßt — und das soll hier geschehen —, daß man einen falschen Weg eingeschlagen und das bedeutendste Hilfsmittel zur Lösung des Problems noch gar nicht versucht hat, werden wir die derzeitige Erschlaffung abschütteln und frischen Mut gewinnen, die Forschungsarbeit wieder aufzunehmen. Aber allerdings muß es schon hier gesagt werden, daß in der Aufzeigung des richtigen Weges unsere Einsicht, daß das menschliche Wissen nur Stückwerk ist, eine noch viel tiefere Begründung

erhalten wird, als ihr bisher gegeben wurde. Aber wenn sich auch zeigen wird, daß das Problem noch viel tiefer liegt, als bisher geahnt wurde, so werden wir gleichwohl besser daran sein, als unsere Vorgänger, weil es wenigstens deutlich werden wird, an welchem Punkte der Hebel anzusetzen ist.

Es ist sehr begreiflich, daß man bei der Erforschung des Seelenproblems von dem ausging, was uns über den Menschen bekannt ist; mit anderen Worten: daß man den Inhalt des menschlichen Bewußtseins analysierte, um die Seele zu finden. Man hielt es für selbstverständlich, daß Seelenlehre und Bewußtseinsanalyse identische Begriffe seien. Und doch war das nur eine petitio principii, eine unbewiesene Voraussetzung. Es könnte ja immerhin sein — die Logik wenigstens hat gegen diese Hypothese nichts einzuwenden —, daß die Seele überhaupt nicht in unserem Selbstbewußtsein anzutreffen wäre, daß das Licht unserer Selbsterkenntnis überhaupt nicht bis in die Tiefen unseres Wesens hinabreicht. Aber auch das ist denkbar, daß das Tatsachenmaterial, auf dessen Grundlage eine Seelenlehre zu errichten ist, ungenügend erforscht, ja, daß gerade die entscheidenden Tatsachen übersehen worden wären.[6])

Es ist nicht schwer zu zeigen, daß in der Tat beide Bedenken gerechtfertigt sind: Man hat die Seele am unrichtigen Ort gesucht und hat am richtigen Ort die entscheidenden Tatsachen übersehen.

Daß die Seele überhaupt nicht in unserem Selbstbewußtsein liegt, sondern außerhalb desselben, daß also die Seelenlehre schon in ihrem Ausgangspunkt fehlging, ist unbestreitbar. Denn was ist unser Selbstbewußtsein? Offenbar nur ein Spezialfall des Bewußtseins, von welchem es sich nicht durch das

Organ unterscheidet, sondern durch das Objekt. Das Selbstbewußtsein ist das nach Innen, auf unser eigenes Selbst, gerichtete Bewußtsein. Was ist aber das Bewußtsein? Es ist ein biologisches Entwicklungsprodukt. Die Biologie zeigt, daß die Entwicklung des Bewußtseins parallel geht mit der Zunahme und Steigerung der Organisation. Das komplizierteste Lebewesen, der Mensch, ist zugleich im Besitze des entwickeltsten Bewußtseins. Aber selbst beim Menschen ist das Bewußtsein kein fertiges; es ist seinem Objekt, der Welt, nicht gewachsen, bleibt hinter seinem Objekt zurück. Schon der Anblick des gestirnten Himmels belehrt uns, daß sich unser Wissen zu dem, was wir nicht wissen, verhält wie ein Tropfen zum Ozean. Nur ein geringer Teil dessen, was ist, gelangt durch die Kanäle unserer Sinne in unser Bewußtsein. Unsere Sinne sind beschränkt nicht nur der Zahl nach, sondern jeder einzelne noch bezüglich seiner Leistungsfähigkeit. Unser Auge ist nur für das siebenfarbige Spektrum, für die Farben des Regenbogens eingerichtet; das Spektrum hat aber diesseits wie jenseits ein Verlängerungsstück von unbekannter Ausdehnung. Es gibt ultrarote und ultraviolette Strahlen; solche, welche auf einer zu großen und andere, die auf einer zu geringen Anzahl von Ätherschwingungen beruhen, um sichtbar zu sein. Solche Strahlen lassen sich durch physikalische Apparate nachweisen, die empfindlicher sind als die Netzhaut des Auges. In ähnlicher Weise sind alle unsere Sinne beschränkt. Luftschwingungen, die auf weniger als 30 und mehr als 24000 Schwingungen in der Sekunde beruhen, geben für uns keinen Ton.

Es gibt ferner Kräfte in der Natur, welchen überhaupt kein menschlicher Sinn korrespondiert, und die erst wahrnehmbar werden, indem sie sich in andere Kräfte verwandeln. Für magnetische und elektrische Vorgänge haben wir keinen Sinn. Endlich ist aber noch zu erwähnen, daß wir überhaupt nicht die objektiven Vorgänge der Natur wahrnehmen, sondern nur deren Einwirkung auf uns, nicht Ätherschwingungen, sondern Licht; nicht Luftschwingungen, sondern Töne. Wir haben also gewissermaßen ein subjektiv gefälschtes Weltbild, nur tut das unserer praktischen Orientierung keinen Eintrag, weil diese Fälschung nicht individuell ist und in gesetzmäßig konstanter Weise verläuft.[7]) Das sind nun lauter Sätze, welche von der Naturwissenschaft in exakter Weise bewiesen worden sind. Die Naturwissenschaft genügt also schon für sich allein, um den Materialismus zu wiederlegen. Der Materialismus steht und fällt mit der Behauptung, daß nur das Sinnliche wirklich sei. Wir haben fünf Sinne; also — so schließt der Materialist — hat die Materie fünf Eigenschaften. Mit solcher Logik könnte man ebenso gut sagen: Es gibt keine Sonne, weil es Blinde gibt. Der Materialismus hat als Naturwissenschaft selber bewiesen, daß die Welt über unsere Sinne hinausragt; er hat sein eigenes Fundament untergraben; er hat den Ast abgesägt, auf dem er selber saß. Als Philosoph behauptet er, noch oben zu sitzen. Der Materialismus hat also gar kein Recht, sich eine Weltanschauung zu nennen; er reicht dazu gar nicht aus, und es ist Größenwahn, wenn er sich eine Philosophie nennt. Er hat nur die Berechtigung eines Wissenszweiges — und noch dazu ist die Welt, das Objekt seines Studiums, eine Welt des bloßen Scheines, und darauf eine Weltanschauung bauen zu wollen, ist ein auf der Hand liegender Widerspruch. Die wirkliche Welt ist eine ganz andere, qualitativ und quantitativ, als die der Materialismus kennt, und nur die wirkliche Welt kann Gegenstand einer Philosophie sein.[8])

Was nun vom Bewußtsein gilt, daß es hinter seinem Objekt zurückbleibt, muß auch vom Selbstbewußtsein gelten als einem bloßen Spezialfall des Bewußtseins, und zwar in erhöhtem Grade. Denn erstens ist das Objekt des Selbstbewußtseins ein viel rätselhafteres Gebilde als irgend ein Ding in der uns bekannten Welt; sodann geht aber dem Bewußtsein immerhin schon eine lange biologische Entwicklungsgeschichte vorher, so daß es eine vielleicht schon ziemlich hohe Sprosse der Leiter bildet; dagegen ist von einem Selbstbewußtsein, oder wenigstens von einer eigentlichen Selbsterkenntnis erst vom Menschen an die Rede; es bildet also die erste Sprosse, ist nur in seinem ersten Ansatz gegeben. Es ist also nur umso wahrscheinlicher, daß es sein Objekt, unser Selbst, nicht erschöpft. Damit ist aber jener Psychologie, die sich auf bloße Selbstbewußtseinsanalyse beschränken will, das Urteil gesprochen; sie widerspricht der Entwicklungslehre und es begreift sich, daß auf diesem Wege das Problem nicht gelöst werden konnte.

Das Selbstbewußtsein beleuchtet nicht einmal die physische Seite unseres Wesens vollständig. Wie unsere Empfindungsschwelle uns von äußeren Vorgängen der Natur abschneidet — über deren Anzahl und Beschaffenheit wir nicht einmal Ahnungen aufstellen können —, so auch von Vorgängen in unserem Inneren. Die organischen Funktionen, Wachstum, Ernährung, Verdauung, Herztätigkeit

usw. verlaufen im gesunden Körper unbewußt. Der alten Seelenlehre gemäß würden also diese Funktionen einer unserem Wesen fremden Materie angehören, mit welcher die Seele vermöge einer unerklärlichen Fatalität zusammengekoppelt wäre. Es könnte aber immerhin sein, daß diese organischen Funktionen ungeachtet ihrer Gesetzmäßigkeit doch unserem eigenen Wesen angehörten. Wir brauchen nur wieder die falsche Voraussetzung fallen zu lassen, daß das Wesen der Seele im Bewußtsein liegt; sie könnte ja auch das belebende und organisierende Prinzip sein, und dann wäre die Unbewußtheit der organischen Funktionen noch kein Beweis für die fremde Quelle derselben. Würden auch diese von der Seele besorgt, dann wäre der Mensch einheitlich erklärt.
Auch in unseren rein psychologischen Funktionen, in Gefühlen, Gedanken und Willensakten, erfassen wir noch nicht das ganze Wesen unserer Seele. Die Materialisten behaupten sogar, das auch darin nur das Wesen unseres Körpers erfaßt sei, daß auch Gedanken und Gefühle nur Funktionen des Körpers seien. Nun ist es allerdings unlogisch und nur eben bei den Materialisten sehr gebräuchlich, das cum hoc in ein propter hoc zu verwandeln; aber unbestreitbar ist es immerhin, daß Gedanken und Gefühle an körperliche Organe gebunden sind, mit körperlichen Zuständen parallel verlaufen. Darauf eben beruht das Plausible des Materialismus, welcher aus diesem Parallelismus schließt, daß es überhaupt keine Seele gibt. Aber auf diesen Punkt des Streites brauchen wir uns gar nicht einzulassen. Der Streit darüber, ob diese Gebundenheit ein bloßes Koordinationsverhältnis enthält — wie die

Spiritualisten sagen — oder ein Kausalitätsverhältnis — wie die Materialisten behaupten —, ist schon so alt wie die Psychologie selbst. Wir können ihn aber ganz auf sich beruhen lassen, da wir den Seelenbeweis aus ganz anderen, viel schlagenderen Tatsachen gewinnen werden, nämlich aus solchen, bei welchen von einer Gebundenheit an körperliche Organe überhaupt nicht die Rede ist.

Dem Bisherigen gemäß können wir dabei den Satz an die Spitze stellen: Die Seele liegt nicht im Beleuchtungskreise unseres Selbstbewußtseins, sie liegt im Unbewußten.

Hier könnte nun der Zweifler sofort versucht sein, zu folgern: Wenn die Seele im Unbewußen liegt, so kann sie daraus auch nicht hervorgezogen werden, die Seelenfrage muß daher vertagt werden bis zum Eintritt einer biologischen Vertiefung des Selbstbewußtseins. Aber so schlimm steht die Sache denn doch nicht. Wenn uns die Seelenfunktionen unbewußt sind in Bezug auf den Prozeß, so fällt doch vom Resultat manches in unser Bewußtsein, wie wir noch sehen werden. Es ist in Bezug auf unser Geistesleben eine ziemlich konstante Erscheinung, daß Unbewußtes und Bewußtsein nur abwechselnd zur Geltung kommen. Schon bei der genialen Produktion sehen wir die Verschleierung, im Hypnotismus aber sogar die Unterdrückung des sinnlichen Bewußtseins als Bedingung solcher Phänomene, die dem Unbewußten angehören; das erinnerungslose Erwachen ist ein weiterer Beweis für diesen Gegensatz.

Dieser Gegensatz beweist nun unbestreitbar einen Dualismus innerhalb unseres Geisteslebens, und so finden wir uns sofort vor die wichtige Frage gestellt, ob nur ein Dualismus innerhalb des Gehirnlebens vorliegt oder etwa ein Dualismus von Gehirn und Seele. Im ersteren Falle wäre mit einem Doppel-Ich zu rechnen, dessen beide Hälften von der physiologischen Psychologie umschlossen wären; im letzteren Falle dagegen müßten wir jene Definition des Menschen anerkennen, welche schon vor hundert Jahren Kant aufgestellt hat: ein Subjekt, welches in zwei Personen zerfällt. Die eine dieser Personen wäre dabei physiologischer, die andere psychologischer Natur. Ob nun diese Definition richtig ist, hängt ganz und gar davon ab, ob alle Geistestätigkeit an das Gehirnleben gebunden ist, oder ob sich aus dem Unbewußten auch solche Funktionen hervorlocken lassen, die sich von den an das Gehirn gebundenen toto genere unterscheiden, für die wir also ein anderes Organ voraussetzen müssen. Erst in diesem letzteren Falle hätten wir im Unbewußten eine Seele gefunden.

Die Kantische Definition des Menschen ist ohne Einfluß auf die Psychologie geblieben, weil die Wissenschaft jenes Tatsachenmaterial, welches die empirische Grundlage für diese Definition bildet — und welches leider zu Kants Zeiten unbekannt war — noch bis heute in unverantwortlicher Weise vernachlässigt. Diese Tatsachen, um die es sich handelt, bilden den Gegenstand der Geheimwissenschaften, welche bekanntlich noch heute das Aschenbrödel sind. [9])

Der Mißerfolg in der Seelenfrage liegt also in der Tat an den beiden oben erwähnten Umständen: Zuerst hat man die Seele am falschen Ort gesucht, im Bewußtsein, statt im Unbewußten; dann aber, als man — und das auch erst in der jüngsten Zeit —

das Unbewußte in die Forschung hereinzog, hat man am richtigen Orte die unrichtigen Tatsachen betont, nämlich jene, welche ein unbewußtes Gehirnleben, nicht aber die, welche ein Seelenleben neben dem Gehirnleben beweisen.

Wer die Tatsachen der Geheimwissenschaften anerkennt, findet sich also auf die Kantische Definition des Menschen zurückverwiesen. Er nimmt sie nicht willkürlich an, sondern notgedrungen. Er wird dann sagen — was die Geheimwissenschaften beweisen—, daß unser Seelenleben für unser irdisches Bewußtsein im Unbewußten liegt, daß aber die Seele keineswegs ein Unbewußtes ist; daß ihre Funktionen abwechselnd mit den bewußten in die Erscheinung treten; daß diese Funktionen von den bewußten der ganzen Qualität nach verschieden sind, und daß sie mit der Rückkehr des sinnlichen Bewußtseins uns wieder unbewußt werden.

Damit ist eine reale Doppelheit unseres Wesens gegeben, ein Dualismus von Seele und Gehirn — dessen monistische Auflösung uns noch beschäftigen wird —, nicht bloß ein Dualismus innerhalb des Gehirnlebens. Das Bewußtsein, an die Sinne und das Gehirn als Organ gebunden, würde alsdann nur die Hälfte unseres Wesens erfassen: die irdische Erscheinung; von dieser aber wäre eine andere Wesenshälfte zu unterscheiden, die vorläufig als die übersinnliche bezeichnet werden mag.

So liegt denn wirklich die Seele viel tiefer, als man bisher vermutet hat, und es zeigt sich, daß eine wirkliche Psychologie erst noch zu schreiben ist.[10])

Aber wenigstens wissen wir nun den Ort, wo die Seele zu finden ist, und haben Aussicht, auf ihre

Existenz und Beschaffenheit aus solchen Funktionen zu schließen, die unzweifelhaft nur ihr angehören können, die an kein körperliches Organ gebunden sind, von welchen also der materialistische Nörgler sich fern halten wird. An sich betrachtet erscheint jene Seelenlehre, deren Grundlinien Kant gezeichnet hat, als ein höchst aussichtsloses Unternehmen; wenn wir aber die Tatsache ansehen, auf Grundlage welcher sie zu errichten ist, wird sich zeigen, daß diese neue Seelenlehre nicht nur mehr Aussichten hat, ihr Ziel zu erreichen, als die alte, sondern daß überhaupt nur sie es erreichen kann.
Kant sagt: „Ich gestehe, daß ich sehr geneigt bin, das Dasein immaterieller Naturen in der Welt zu behaupten und meine Seele selbst in die Klasse dieser Wesen zu versetzen." In Anbetracht aber der gleichzeitigen materiellen Natur des Menschen fährt er fort: „Die menschliche Seele würde daher schon in dem gegenwärtigen Leben als verknüpft mit zweien Welten zugleich müssen angesehen werden, von welchen sie, sofern sie zu persönlicher Einheit mit einem Körper verbunden ist, die materielle Welt allein klar empfindet" ... „Es ist demnach zwar einerlei Subjekt, was der sichtbaren und unsichtbaren Welt zugleich als ein Glied angehört, aber nicht eben dieselbe Person, weil die Vorstellungen der einen, ihrer verschiedenen Beschaffenheit wegen, keine begleitenden Ideen von denen der anderen Welt sind, und daher, was ich als Geist denke, von mir als Mensch nicht erkannt wird und umgekehrt" (Kant: „Träume eines Geistersehers").
Nun gibt es allerdings Leute, welche sagen, Kants „Träume eines Geistersehers" seien nur eine Satire auf Swedenborg und den Geisterglauben. Diese

Ansicht wird aber vollständig durch die Tatsache widerlegt, daß Kant 22 Jahre später Vorlesungen hielt, in welchen er ganz die gleichen Ansichten aussprach und zwar wiederum im Anschluß an Swedenborg, dessen Vorstellungen er „erhaben" nennt.[11])

Nebenbei gesagt wird damit auch die Behauptung hinfällig, daß Kant nur in seiner vorkritischen Periode mit der Geisterwelt geliebäugelt habe. Den wichtigsten Teil jener Vorlesungen, worin sich Kant als Mystiker innerhalb der kritischen Periode zeigt, habe ich — weil sie sich in keiner Gesamtausgabe finden — neu herausgegeben[12]) und will daraus ein paar Aussprüche aufführen:

„Das Leben besteht in dem commercio der Seele mit dem Körper; der Anfang des Lebens ist der Anfang des commercii, das Ende des Lebens ist das Ende des commercii. Der Anfang des commercii ist die Geburt, das Ende des commercii ist der Tod. Die Dauer des commercii ist das Leben. Der Anfang des Lebens ist die Geburt; dieses ist aber nicht der Anfang des Lebens der Seele, sondern des Menschen. Das Ende des Lebens ist der Tod; dieses ist aber nicht das Ende des Lebens der Seele, sondern des Menschen. Geburt, Leben und Tod sind also nur Zustände der Seele." . . . „Mithin bleibt Substanz, wenngleich der Körper vergeht, und also muß auch die Substanz dagewesen sein, als der Körper entstand." . . . „Das Leben bei dem Menschen ist zweifach: das tierische und das geistige Leben. Das tierische Leben ist das Leben des Menschen, als Mensch; und hierzu ist der Körper nötig, daß der Mensch lebe. Das andere Leben ist das geistige

Leben, wo die Seele unabhängig vom Körper dieselben Aktus des Lebens auszuüben kontinuieren muß."

Wie man sieht, enthält Kants Seelenlehre alle nötigen Bestandteile. Er lehrt, daß die Seele im Unbewußten liegt, und die Gleichzeitigkeit der beiden Personen unseres Subjekts; er lehrt ferner Präexistenz und Unsterblichkeit. Aber unbekümmert darum hat die spätere Psychologie nur wieder die eine Person unseres Wesens erforscht, welche mit der Geburt beginnt und mit dem Tode endigt, und auf diesem Wege mußte die Seelenlehre allerdings in den Materialismus einmünden.

Kant war sich aber auch darüber klar, daß die Geheimwissenschaften es sind, auf denen die Seelenlehre aufgebaut werden muß. Darum eben trat er mit einem Geisterseher, mit Swedenborg, in Verbindung, was allerdings nicht ganz zu seiner Zufriedenheit ausfiel.[13]) Wir aber bei ungleich reicherem Tatsachenmaterial können die Seelenlehre im Sinne Kants ausbauen. Denn abgesehen davon, daß uns Altertum und Mittelalter reiche Schätze liefern — nur daß unsere Wissenschaft sich darum nicht bekümmert —, haben wir seit 150 Jahren den Somnambulismus, seit 100 Jahren den Hypnotismus und seit 90 Jahren den Spiritismus.[14])

Um aber bei der Verwertung derselben sicher zu gehen, müssen wir uns vorher klar darüber werden, was die Wissenschaft gegen die alte Seelenlehre mit Recht einzuwenden hatte, welche Fehler also in der neuen zu vermeiden sind.

Die alte Seelenlehre ist dualistisch; sie setzt den Menschen zusammen aus einem sterblichen Leib und einer unsterblichen Seele, ohne deren Verbindung erklären zu können. Die Wissenschaft aber verlangt mit Recht eine monistische Erklärung des Menschen. Die alte Seelenlehre suchte die Seele im Selbstwußtsein; darin finden wir aber nur solche geistige Funktionen, die an körperliche Organe, Sinne und Gehirn gebunden sind, und da lag es denn für den Materialismus sehr nahe, das Gehirn zur Ursache des Denkens zu machen und den unbeweisbaren Satz aufzustellen: Die Materie denkt. Die Seele war dann überhaupt überflüssig. Ein Monismus ist dies allerdings, aber kein beweisbarer.

Nun wäre aber ein Monismus, und zwar ein beweisbarer, auch dann hergestellt, wenn es gelänge, den Körper und den körperlich bedingten Geist, statt sie auseinander abzuleiten, aus einem gemeinschaftlichen Dritten, der Seele, abzuleiten. Das tut nun die neue Seelenlehre; sie ist monistisch und hat den Vorteil, der Seele den richtigen Ort anzuweisen, nämlich im Unbewußten. Nicht das Gehirn denkt, sondern die Seele denkt durch das Gehirn. Findet doch etwas ganz Analoges in der Sinnestätigkeit statt: die Empfindungen kommen erst im Gehirn zustande. Das Auge sieht nicht, sondern es sammelt nur die Eindrücke und überliefert sie dem Gehirn, wo sie in Empfindungen verwandelt werden. Das Sehen ist ein intellektueller Akt; das Gehirn sieht durch das Auge. Und ebenso denkt die Seele durch das Gehirn.

Dieser Monismus hat vor dem materialistischen beträchtliche Vorteile voraus. Der Materialismus erklärt die Vernunft aus der Unvernunft, das Denken aus der blinden, das Leben aus der toten Materie. Es ist aber ganz ungereimt, aus den höchsten Funktionen des Menschen, Vernunft und Moral, auf das niederste Prinzip, die Materie, zu schließen. Man kann aus einer gut gehenden Uhr nicht auf einen schlechten Uhrmacher schließen. Wenn die Funktion des Gehirns vernünftig ist, so muß offenbar auch das Organ aus einer irgendwie vernünftigen Ursache abgeleitet werden. Das tut die neue Seelenlehre; sie läßt den materialistischen Gedanken, daß das Gehirn die Gedanken produziert, bis zu einem gewissen Grade gelten, aber sie setzt hinzu: die Seelc produziert das Gehirn.

Um allen Anforderungen gerecht zu werden, muß die neue Seelenlehre auch die Verbindung der Seele mit dem Körper erklären. Zu diesem Behufe brauchen wir nur das eben erwähnte, zwischen Gehirn und Seele bestehende Verhältnis auf den ganzen Körper anzuwenden, d. h. wir müssen der Seele die organisierende Fähigkeit zusprechen, vermöge welcher sie den Leib zu bilden vermag. Nicht nur das Gehirn, sondern der ganze Leib ist Organ der Seele, Nehmen wir diese Anforderung als erledigt an — sie soll uns sogleich beschäftigen—, so wäre damit allerdings das Unbewußte noch nicht in eine Seele verwandelt, sondern erst in einen blinden organisierenden Willen. Wenn wir weiterhin diesem Willen auch noch Vorstellungs- und Erkenntnisfähigkeit zusprechen, selbstverständlich unter dem Berechtigungsnachweis—auch das soll geschehen —, ist dann das Unbewußte in eine Seele verwandelt? Noch immer nicht. Vielmehr haben wir bloß den Schritt von Schopenhauer zu Hartmann getan.[15]) Bei Schopenhauer ist das Unbewußte ein blinder Wille, bei Hartmann hat es Willen und Vorstellung. Schopenhauer hat bloß den Materialismus überwunden; aber zur Erklärung des Menschenrätsels reicht sein blinder Wille nicht aus. Ein blinder Wille kann das Licht der Erkenntnis nicht anzünden; er kann nicht das Gehirn als Organ vernünftigen Denkens bauen. Darum hat Hartmann recht, dem Unbewußten die Vorstellung zuzusprechen; aber auch ihm zerrinnt die Seele zwischen den Fingern, indem er einen Salto mortale macht und das Unbewußte mit der Weltsubstanz identifiziert. Damit ist zwar der blinde Pantheismus Schopenhauers überwunden, aber nicht der Pantheismus.

Eine mit Recht sich so nennende Seelenlehre muß nicht nur einen metaphysischen Wesenskern im Menschen nachweisen — wie Schopenhauer und Hartmann getan —, sondern eine metaphysische Individualität. Ist auch dieser Anforderung genügt — und auch das soll geschehen —, erst dann hätten wir eine eigentliche Seele. Diese läge im Unbewußten, wäre aber nicht selbst unbewußt, sondern hätte Willen und Erkenntnis und eine Individualität. So also erst wäre unser Unbewußtes in eine Seele, in ein Subjekt verwandelt.

Um nun aber dieses Subjekt vor der Verwechslung mit der Person des irdischen Bewußtseins zu bewahren, d. h. um den Unterschied von der alten Seelenlehre, die diese Verwechslung begeht, zu betonen, habe ich in meinen Schriften die Seele das „transzendentale Subjekt" genannt — ein Ausdruck, den auch Kant ausnahmsweise gebraucht, darunter dasselbe verstehend, was er an zahlreichen Stellen das „intelligible Subjekt" oder auch das „absolute Subjekt" nennt.

Dieses transzendentale Subjekt, die Seele, steht nicht unvermittelt neben der irdischen Erscheinungsform des Menschen; denn wenn die Seele die organisierende Fähigkeit besitzt, ist der Mensch ihre Erscheinungsform. Organisieren und Vorstellen bilden ferner keinen Dualismus innerhalb des transzendentalen Subjekts, sondern bezeichnen nur zwei begrifflich trennbare Funktionsrichtungen innerhalb desselben, die aber wegen der Einheit des Subjekts immer als real verbunden nachweisbar sein müssen, so daß das Organisierende im Denken und das Denkende im Organisieren sich zeigt. Weil aber das transzendentale Subjekt auch mit seiner irdischen Erscheinungsform eine Einheit bildet, muß die Idendität des organisierenden und denkenden Prinzips auch innerhalb der irdischen Geistestätigkeit nachweisbar sein, d. h. es muß sich in dieselbe ein transzendentales Organisieren eingemengt zeigen.

Was nun zunächst den Nachweis betrifft, daß das Denken mit einem Organisieren verknüpft ist, so ist derselbe in den Gebieten der Ästhetik und Technik zu finden. Diese Aufgabe präzisiert sich aber für eine Lehre, welche die Seele ins Unbewußte verlegt, dahin, nachzuweisen, daß in der Besonderheit unserer ästhetischen und technischen Produkte ein uns unbewußtes organisierendes Prinzip aufgedeckt werde. Wenn wir z. B. sehen, daß das formale Einteilungsprinzip unseres Leibes, der goldene Schnitt, auch an griechischen Tempeln und gotischen Domen sich zeigt—ohne daß es von den Erbauern bewußt angewendet worden wäre —, so ist damit die Identität des Organisierenden und Denkenden nachgewiesen. Dies zeigt sich noch auffälliger in unseren technischen Erfindungen, bei denen doch das Unbewußte ganz ausgeschaltet zu sein scheint. Sie scheinen ganz im Lichte des Bewußtseins zu verlaufen, da in der Regel ganz zielbewußt auf die Lösung eines bestimmten technischen Problems in mathematischer Behandlung hingearbeitet wird. Aber doch ist bei den einfachsten Mechanismen, wie bei den kompliziertesten Apparaten eine geistige Unterströmung nachweisbar, und daß dieselbe vom Organisierenden ausgeht, zeigt sich darin, daß die technischen Apparate nur unbewußte Kopien von Teilen unseres Leibes sind, sogenannte Organprojektionen, ohne daß doch die Erfinder kopieren wollten. So ist z. B. bei der Camera obscura keineswegs mit bewußter Absicht das Auge kopiert worden, sondern umgekehrt wurde die Einrichtung unseres Auges erst verstanden, als die Kamera erfunden war. Es ist also mehr als ein bloßer Vergleich, wenn man sagt, das Objektivglas des Photographen entspreche der Kristalllinse, die Blende der Iris, der Verschluß dem Augenlide, der elastische Auszug dem kontraktilen Augapfel, der Chemismus der photographischen Platte (vermöge des Bromsilberüberzuges) dem lichtempfindlichen Sehpurpur der Netzhaut. In der gleichen Weise wird das Gehörorgan verstanden, wenn man das Klavier zur Erklärung heranzieht, oder der Nervenapparat durch den Telegraphen. Sogar die neueste Erfindung, der Phonograph, hat ein organisches Vorbild am Menschengehirn, dessen Tätigkeit im Delirium oft mechanisch abläuft, so daß Wort für Wort lange Reden wiederholt werden, die der Kranke einst vernommen, aber vergessen hatte.[16]) Beiläufig gesagt, ist die Organprojektion sehr geeignet, um das Problem, welche Wesen auf anderen Sternen leben mögen, aus dem Stadium der Phantasien zu befreien und ihm eine wissenschaftliche

Wendung zu geben, welcher jeder Monist vorweg zustimmen muß, so paradox sie auch auf den ersten Anblick erscheinen mag. Wenn die Identität des Organisierenden und Denkenden von allen Lebewesen der bewohnbaren Sterne gilt, so würde sich ergeben, daß in der ganzen Natur das organische Reich und das der Technik sich gegenseitig ergänzen. Manche unserer technischen Apparate haben vielleicht ihr organisches Vorbild auf anderen Planeten, und manche Organismen unserer Erde, die wir technisch noch nicht kopiert haben, sind vielleicht auf anderen Planeten Glieder der technischen Reihe. Es sind Wesen denkbar, deren Augen teleskopisch oder mikroskopisch eingerichtet sind, und der Marsbewohner besitzt vielleicht den technischen Flügel, der bei uns zur Zeit nur organisch gegeben ist.[17]) Wenn alle Planeten auf verschiedenen Entwicklungsstufen stehen, so ist wohl auf jedem der Trennungsstrich zwischen dem organischen und dem technischen Reich an einer anderen Stelle gezogen, welche Stelle zudem in der ferneren Entwicklung fortrückt. Wenn sich das organische und das technische Reich gegenseitig ergänzen, welche Fülle organischen Lebens und uns unbekannter Lebensformen läßt sich alsdann denken! Und welche Fülle von Erfahrungen, die wir kaum ahnen können, ergibt sich wiederum vom Standpunkt dieser unbekannten Lebensformen! Es ist, wie wenn wir uns alle unsere derzeitigen und künftigen Apparate mit Bewußtsein versehen dächten. Wie ungleich mehr, als wir, wüßte z.B. ein Wesen, welches das Spektroskop in organischer Form hätte und dadurch für die chemischen Qualitäten der Dinge empfänglich wäre, wie es bis zu einem gewissen Grade unsere Somnambulen sind. Aber auch wie verschieden von unserer Welt müßte die Welt für solche Organisationen erscheinen, denen unsere technischen Glieder organisch gegeben wären! [18]) Auch einen praktischen Nutzen können wir diesem Gesichtspunkt entnehmen. Die Organprojektion enthält für uns die Lehre, daß wir im Reiche der Erfindungen nicht den Zufall walten lassen, beim zielbewußten Suchen nach der Lösung technischer Probleme aber uns zunächst nach organischen Mustern umsehen und diese eventuell kopieren sollen; denn in der Natur sind diese Probleme immer in der einfachsten Weise gelöst, weil eben die Naturentwicklung in der Linie des geringsten Widerstandes sich bewegt. Um wieder zurückzukommen, so zeigt sich auch in der Tätigkeit des Künstlers, soweit sie genial ist, also aus dem Unbewußten kommt, die Mitbeteiligung des Organisierenden. So bei der anthropomorphischen und anthropopathischen Naturbetrachtung des Lyrikers. Der Dichter bringt es zu anschaulichen Naturschilderungen nur dadurch, daß er das Leblose belebt und beseelt. Die typischen Figuren eines Shakespeare oder Walter Scott sind keineswegs bloß bewußte Nachahmungen, sondern ganz eigentliche Schöpfungen unter Mitbeteiligung der organisierenden Seele. Jede geniale Gedankenreihe hat etwas von einem Organismus an sich, hat Hauptgedanken und Glieder, und es ist nicht bloßer Vergleich, wenn wir vom Skelett einer Darstellung reden.

Noch ist aber der andere Nachweis zu führen, daß das irdische Organisieren mit einem transzendentalen Denken verknüpft ist, mit anderen Worten, daß die Gestaltung unseres Leibes eine teleologische

d. h. mit transzendentaler Vorstellung verbundene ist. Die Biologie, die diesen Nachweis führen sollte, zeigt sich ihrer Aufgabe nicht gewachsen [19]); wir tun daher besser daran, auch dafür die Geheimwissenschaften heranzuziehen, worin der Beweis viel schlagender geführt werden kann. Zu diesem Behufe müssen wir dem Hypnotismus und Somnambulismus einige Worte widmen.

Der Hypnotismus lehrt, daß organische Veränderungen durch Suggestion herbeigeführt werden können, daß krankhafte Zustände beseitigt und jene Prozesse durch Suggestion eingeleitet werden können, die der Arzt für angezeigt hält. Jene physiologischen Funktionen, welche für uns unbewußt verlaufen und unserer Willkür entzogen sind, z. B. Blutumlauf, Sekretionen usw. können durch Suggestion geregelt werden. Nun ist es aber ohne weiteres klar, daß nicht etwa der Arzt gleichsam durch magisch wirkende Worte in einen fremden Organismus einzugreifen vermag; vielmehr kann die Suggestion nur dadurch wirken, daß sie vom Patienten akzeptiert wird, und diese seine Fügsamkeit erzielt man eben dadurch, daß man ihn in hypnotischen Schlaf versetzt, also in einen Zustand psychischer Abhängigkeit. Daher die Möglichkeit sogar verbrecherischer Suggestionen.[20])

Die Fremdsuggestion ist also nur darum wirksam, weil sie widerstandslos in eine Autosuggestion verwandelt wird, und erst diese ist das eigentliche Agens. Der Patient beherrscht also sein organisches Leben durch die Vorstellung, und damit ist der Primat des Geistes vor dem Körper erwiesen. Der Materialismus, welcher umgekehrt den Geist zur blossen Funktion des Körpers macht, ist also auf den

Kopf gestellt, wie man denn überhaupt so ziemlich immer die Wahrheit trifft, wenn man das auf den Kopf stellt, was der Materialismus lehrt.
Aus dem Eintritt organischer Veränderungen durch Autosuggestion bei hypnotisierten Patienten folgt nun zunächst die logische Möglichkeit, daß auch die anderen normalen organischen Funktionen mit einem uns unbewußten transzendenten Vorstellen verknüpft sind und durch dasselbe geregelt werden. Diese logische Möglichkeit verwandelt sich aber in empirische Gewißheit, wenn wir die Tatsachen des Somnambulismus in Betracht ziehen. Wir sehen z. B., daß die Somnambulen ihre eigene Diagnose und Prognose vornehmen, daß also die organischen Funktionen nur dem Gehirn unbewußt verlaufen, in der Tat aber mit transzendentaler Vorstellung verbunden sind, die der Seele angehört.[21]) Solche Fähigkeiten, selbst wenn sie in der Erfahrung nicht gegeben wären, sind a priori wahrscheinlich für eine Seelenlehre, welche die Identität des Organisierenden und Denkenden nachweist. In einer solchen Seelenlehre stehen die medizinischen Fähigkeiten der Somnambulen nicht als vereinzelte Tatsache da, mit welcher man nichts anzufangen weiß, sondern sie nehmen ihren festbestimmten Platz in einem ganzen System verwandter Erscheinungen ein. Dieses System würde eine unerklärliche Lücke zeigen, wenn zwar ein transzendentales Organisieren im Denken nachweisbar wäre, aber kein transzendentales Denken im Organisierenden; wenn also die medizinischen Somnambulen in der Erfahrung nicht zu finden wären. Umgekehrt aber könnte sich der medizinische Somnambulismus nicht so ungezwungen in die

neue Seelenlehre begrifflich eingliedern lassen, wenn er nicht eine Tatsache der Erfahrung wäre. Wer aus der Organprojektion und aus der künstlerischen Produktionsweise die Einsicht gewonnen hat, daß das Vorstellen mit einem Organisieren verbunden ist, wird vorweg vermuten, daß organische Funktionen von transzendentaler Vorstellung begleitet sind, wie es sich im Somnambulismus empirisch zeigt

Nun hat die offizielle Wissenschaft zwar vor den Tatsachen des Hypnotismus kapituliert — endlich nach 100 Jahren! —, von den Tatsachen des Somnambulismus aber, besonders von Fernsehen und Fernwirken, will sie noch immer nichts wissen.[22]) Dieses eigensinnige Leugnen von Tatsachen beruht wiederum nur auf der der alten Seelenlehre zugrundeliegenden Voraussetzung, daß unser ganzes Wesen im Selbstbewußtsein beleuchtet liege. Bei dieser Ansicht ist nur Platz für die normalen Fähigkeiten des Menschen. Liegt dagegen der eigentliche Kern unseres Wesens im Unbewußten, so können sehr zahlreiche Kräfte und Fähigkeiten der Seele uns unbewußt sein. Sobald man ferner einsieht, daß unsere irdische Person die Erscheinungsform des transzendentalen Subjekts ist, muß man auch eingestehen, daß jene Kräfte und Fähigkeiten auch an der irdischen Person in Ausnahmezuständen derselben in die Erscheinung treten können. Dazu genügt sogar eine Voraussetzung, welche von der Naturwissenschaft selbst aufgestellt worden ist: die Beweglichkeit unserer Empfindungsschwelle. Die beiden Hälften unseres Wesens, das Bewußtsein und das Unbewußte, die irdische Person und das transzendentale Subjekt, sind ja nicht durch eine unübersteigliche Schranke geschieden, sondern lediglich durch die Empfindungsschwelle. Wir können durchaus nicht behaupten, daß diejenigen Eindrücke der Außenwelt, die uns bewußt werden, die einzigen sind, die auf uns einwirken. Vielmehr hat die Naturwissenschaft selbst bewiesen, daß uns nur die gröbsten Eindrücke bewußt werden, diejenigen, welche eine bestimmte Reizstärke besitzen, während ein unbestimmbarer Reichtum von Eindrücken wegen zu geringer Reizstärke unterhalb der Empfindungsschwelle verläuft und uns unbewußt bleibt. Was nun im Unbewußten vor sich geht, das eben ist der Besitz der Seele, und wenn diese Seele Eindrücke empfängt, von welchen wir keine Ahnung haben, so kann sie auf Grund dessen auch Fähigkeiten besitzen, von welchen wir keine Ahnung haben. Daß aber solche Fähigkeiten auf die irdische Person übergehen, dazu genügt die Beweglichkeit der Empfindungsschwelle. Diese ist aber eine Tatsache. Schon in der Abwechslung von Schlafen und Wachen zeigt sich die Schwelle als verlegbar. Diese individuelle Beweglichkeit ist aber eine notwendige Voraussetzung ihrer biologischen Beweglichkeit; ohne jene wäre der ganze biologische Prozeß mit seiner Steigerung des Bewußtseins unmöglich; da diese aber Tatsache ist, muß auch ihre logische Voraussetzung eine Tatsache sein. So oft aber die individuelle Beweglichkeit eintritt, müssen die Fähigkeiten unseres Unbewußten, unserer Seele, aus der Latenz treten, und das eben zeigt sich im Somnambulismus. Es ist demnach nur Mangel an Besinnung, wenn die offizielle Wissenschaft die Konsequenzen aus den von ihr selbst aufgestellten Prämissen zu ziehen sich weigert.

Die transzendentale Psychologie, die wir zunächst im Somnambulismus kennen lernen, ist also eine ganz unvermeidliche Annahme; sie folgt im Grunde genommen schon aus der bloßen Existenz eines Organs für physiologische Psychologie; dieses Organ, das Gehirn, ist nur begreiflich als das Produkt eines Organisierenden, und die teleologische Organisierung dieses Gehirns ist nur begreiflich, wenn dieses Organisierende zugleich ein Denkendes ist.

Die neue Seelenlehre mit den Geheimwissenschaften als empirischer Grundlage liegt also in der Verlängerungslinie der Naturwissenschaft und kann schon aus dem derzeitigen Ausbildungsgrad der letzteren gewonnen werden.[23]) Statt aber dieses einzusehen, leugnen Materialisten und Pantheisten die Seele noch immer, und die Anhänger der alten Seelenlehre suchen sie noch immer am unrechten Ort. Man muß zugestehen: über nichts ist soviel ungereimtes Zeug geschrieben worden wie über die menschliche Seele, sowohl von Spiritualisten, mehr aber noch von Materialisten, bei deren Weisheit man überhaupt immer an den Ausspruch von Montesqieu erinnert wird: „Lorsque Dieu a créé les cervelles, il ne s' est pas obligé des les garantir."[24]) Schließlich hat man, des Streites müde, die Flinte ins Korn geworfen, und unsere moderne, in den Makrokosmos vergaffte Wissenschaft weiß mit der Psychologie nichts mehr anzufangen.[25]) „Da gehen die Menschen hin" — sagt Augustinus — „und bewundern hohe Berge und weite Meeresfluten und mächtig daherrauschende Ströme und den Ozean und den Lauf der Gestirne, vergessen sich aber selbst daneben." Aber wie wir gesehen haben, ist uns auch die Einsicht in den Mikrokosmos nicht ganz verschlossen; man braucht nur die Seele am richtigen Ort zu suchen und dort die entscheidenden Tatsachen zu betonen, die der Geheimwissenschaften. In der Theorie hat schon Aristoteles dieses Programm aufgestellt. Es gelte zu untersuchen, sagt er, ob die Seele „alle ihre Zustände mit dem Körper gemein habe, oder ob ihr auch etwas Eigentümliches zukommt . . . Das Denken scheint noch am meisten der Seele allein anzugehören; wenn aber auch dieses eine Art von bildlichem Vorstellen ist, oder wenigstens ohne solches nicht geschehen kann, so wird auch das Denken nicht ohne den Körper vor sich gehen können. Sollten Tätigkeiten oder Leidenszustände bestehen, welche der Seele allein angehören, so würde die Seele vom Körper trennbar sein; sollte aber nichts der Art sich ergeben, so würde auch die Seele nicht trennbar sein" (Aristoteles, „Über die Seele").

Das ist ebenso kurz wie gut gesagt. Seit Aristoteles ist nun aber eine neue Wissenschaft aufgetreten, von der sich im Altertum kaum eine Spur findet: die Linguistik. Wir wissen es heute viel bestimmter, als Aristoteles es wissen konnte, daß in der Tat unser abstraktes Denken „eine Art von bildlichem Vorstellen" ist, daß alle unsere Begriffe aus ursprünglichen Anschauungen entstanden sind. Darum können wir auch im Denken keine Funktion sehen, welche der Seele als solcher und abgesehen vom Körper angehört. Begriffe sind verdichtete Vorstellungen; Vorstellungen aber sind Sinnesfunktionen; also gehört auch das abstrakte Denken indirekt der Leiblichkeit an. Eine wirkliche Seele, die vom Körper nicht etwa nur begrifflich, sondern real trennbar wäre—und so meint es Aristoteles —, folgt also nicht einmal aus unserer höchsten Funktion, die wir in der Bewußtseinsanalyse finden. Wohl aber würden wir sie gewinnen, wenn ein Denken ohne sinnliche Vermittlung nachweisbar wäre.

Davon ist nun im bewußten Geistesleben nichts zu finden; hier ist alles Denken mit den Sinnen und dem Gehirn verbunden. Darum eben müssen wir in dem Suchen nach der Seele die Bewußtseinsanalyse überhaupt preisgeben, was schon Kant gegesagt hat: „Der allgemeine Grund, warum wir nicht aus den Beobachtungen und Erfahrungen des menschlichen Gemütes die künftige Fortdauer der Seele ohne den Körper dartun können, ist: weil alle diese Erfahrungen und Beobachtungen in Verbindung mit dem Körper geschehen ... Demnach können diese Erfahrungen nicht beweisen, was wir ohne den Körper sein könnten."

Demnach sind wir auf das Unbewußte verwiesen, die Seele zu finden. Nur in den Tatsachen der Geheimwissenschaften finden wir den einwurfsfreien Seelenbeweis. Dort finden wir, was Aristoteles haben wollte, um sich für die Trennbarkeit der Seele vom Körper auszusprechen, nämlich Tätigkeiten, welche „der Seele allein angehören". Die okkulten Phänomene sind in der Regel an Zustände sinnlicher Bewußtlosigkeit geknüpft und kommen zustande durch Kräfte und Fähigkeiten, die im normalen Zustande latent sind und mit der Leiblichkeit nichts zu tun haben. Damit ist die physiologische Psychologie abgelöst durch die transzendentale Psychologie. Diese setzt sich zur Aufgabe, den negativen Begriff des Unbewußten in einen positiven zu verwandeln. Sie lehrt nämlich, daß wir zwar ein Recht haben, das Unbewußte als Gegensatz des sinnlichen Bewußtseins zu fassen, aber nicht des Bewußtseins überhaupt; daß das sogenannte Unbewußte allerdings ein Bewußtsein sui generis, ein Vorstellen und ein Denken besitzt, welches nicht durch Sinn und Gehirn vermittelt ist, und wobei das Gehirn, wenn es überhaupt mit hineingezogen wird, nur rezeptiv jene transzendentalen Vorstellungen aufnimmt. Die Tatsachen der Geheimwissenschaften zeigen, daß das sogenannte Unbewußte Bewußtsein und Erinnerung besitzt, also jene beiden Elemente, auf welchen der Begriff einer Persönlichkeit beruht. Diese transzendentale Persönlichkeit ist aber von der irdischen qualitativ verschieden, also muß die reale Doppelheit unseres Wesens im Sinne Kants anerkannt werden.

Zwar hat man versucht, diese Doppelheit in eine bloß physiologische aufzulösen, [26]) wobei der Trennungsstrich innerhalb des Gehirnlebens läge, nicht zwischen Gehirn und Seele, wobei also beide Hälften vom Tode betroffen würden; aber dieser Versuch, das Unbewußte nur physiologisch zu deuten, gelingt nur so lange, als man gerade von den wichtigsten Erscheinungen absieht und ganz willkürlich nur solche anerkennt, die im physiologischen Unbewußten Platz finden. Der physiologischen Psychologie, welche wie durch eine falsche Weichenstellung den ganzen Zug unserer Gedanken über die Seele auf eine falsche Schiene gelenkt hat, wird es selbst mit einem Doppel-Ich nicht gelingen, etwa Fernsehen und Fernwirken aus der Leiblichkeit zu erklären, daher leugnet sie diese Tatsachen, die ihr nicht ins System passen. Diejenigen aber, welche diesen Tatsachen begegnet sind, haben auch von jeher deren Beweiskraft für eine vom Körper trennbare Seele anerkannt. So z.B. Deleuze, einer der besten Kenner des Somnambulismus, welcher sagt: „Die Erscheinungen, welche der Somnambulismus uns bietet, lassen uns zwei Substanzen unterscheiden, das doppelte Dasein eines inneren und eines äußeren Menschen in einem und demselben Individuum; sie geben den besten Beweis von der Unsterblichkeit der Seele und die beste Antwort auf den Einwurf, den man gegen ihre Unsterblichkeit gemacht hat; sie erheben die von den alten Weisen schon anerkannte und von Bonald so schön ausgedrückte Wahrheit, daß der Mensch eine von den Sinneswerkzeugen bediente Intelligenz sei, über allen Zweifel."

Wenn man freilich den Weg nach Damaskus geflissentlich vermeidet, wird man auch niemals ein Paulus werden, und wenn man sich einen Somnambulen niemals ansieht, kann man sich immerfort rühmen, ein Saulus zu sein. Wer sich aber entschließt, den Somnambulismus in seinen höheren Phasen zu beobachten,—in welchen etwas mehr zu sehen ist als Hysterie—jene große Tasche, in die die Ärzte alles hineinstecken, was sie nicht verstehen—, der wird auch gar bald die Seele anerkennen. So Georget, welcher in seiner „Physiologie du système nerveux" den Somnambulismus verwarf und Materialismus dozierte; kurz darauf aber versuchte er selber zu magnetisieren, und da er die Fähigkeiten der

Somnambulen kennen lernte, wurde er sofort zum Glauben an die Seele bekehrt. Er konnte aber seiner Überzeugung nur noch in seinem Testamente Ausdruck geben, worin er sagt: „Ich hatte kaum die ‚Physiologie des Nervensystems' veröffentlicht, als neues Nachdenken über ein außerordentliches Phänomen, den Somnambulismus, mir es nicht mehr erlaubte, die in uns und außer uns vorhandene Existenz intelligenter Prinzipien, durchaus verschieden von den materiellen Existenzen, zu bezweifeln: sagen wir: Seele und Gott. Ich habe in diesem Punkt eine tiefe Überzeugung, auf Tatsachen begründet, die ich für unwiderleglich halte. Diese meine Erklärung wird erst den Tag erblicken, wenn man an meiner Aufrichtigkeit nicht mehr zweifeln und meine Absichten nicht mehr wird verdächtigen können. Sollte ich sie nicht mehr selbst veröffentlichen können, so bitte ich inständig jene Personen, welche davon bei der Eröffnung dieses Testamentes Kenntnis erhalten, d. h. also nach meinem Tode, ihr jede nur mögliche Publizität zu geben."
Wo immer wir einem Forscher begegnen, der die Geheimwissenschaften kannte, da finden wir auch immer mehr oder minder deutlich die gleichen Folgerungen gezogen: daß die Seele im Unbewußten liegt, daß sie individuell ist und daß wir ein Doppelwesen sind, ein „homme-esprit", wie Saint Martin sagt.[27]) So schon im Altertum bei jenen Philosophen, die in die Mysterien eingeweiht waren, und so auch bei den mittelalterlichen Okkultisten. „Der Mensch" — sagt Paracelsus — „hat zwei Leiber, den elementarischen und den siderischen, und diese beiden Leiber geben einen einzigen Menschen. Der Tod scheidet die beiden Leiber in ihrem Leben von-

einander." „Also merket auf, daß zwei Seelen im Menschen sind, die ewige und die natürliche; das ist zwei Leben; das eine ist dem Tode unterworfen, das andere widersteht dem Tode, also ist auch im Menschen das, was der Mensch ist, verborgen, und niemand sieht, was in ihm ist, was nur durch die Werke offenbar wird." „Im Schlafe, wo der elementare Leib ruht, ist der siderische Leib in seiner Generation, denn derselbe hat keine Ruhe noch Schlaf; wenn aber der elementare Leib dominiert und überwindet, dann ruht der siderische."

Erst die Geheimwissenschaften vermögen also eine Seelenlehre im Sinne des Aristoteles aufzustellen. Die Seele liegt zwar im Unbewußten, aber in abnormen Zuständen, in welchen das leibliche Leben depotenziert ist, tritt sie teilweise aus ihrer Verborgenheit. Es ist demnach ein bloßer Schein, daß wir zu Lebzeiten nur das materielle Dasein führen, und erst im Tode wieder des Seelendaseins teilhaftig würden. Der Mensch als Doppelwesen führt vielmehr beide Existenzweisen gleichzeitig, und diese Verbindung, wie schon Augustinus sagt, ist das eigentliche Rätsel. „Modus, quo corporibus adhæret spiritus, comprehendi non potest ab hominibus, et hoc tamen homo est."[28]) „Der Mensch"—sagt Pascal—„ist das wunderbarste Geschöpf der Natur. Er kann nicht begreifen, was Körper ist, weniger noch, was Geist ist und am wenigsten, wie ein Geist mit dem Körper verbunden sein kann; es ist dies der Gipfel der Schwierigkeit; und doch besteht eben darin sein Wesen." Man hat aber diese Schwierigkeit nicht sehr empfunden, so lange man, die Seele in der Bewußtseinsanalyse suchend, meinte, das

Rätsel des Menschen betreffe nur die Verbindung organischer Materie mit Leben, Empfindung und Bewußtsein. Die Geheimwissenschaften offenbaren aber, daß das Rätsel des Menschen viel tiefer liegt. Es handelt sich um die Verbindung eines transzendentalen Subjekts mit einem materiellen Leib, um zwei ganz verschiedenartige und doch gleichzeitige Daseinsweisen, deren eine ganz außerhalb unseres sinnlichen Bewußtseins verläuft und ein von der Leiblichkeit unabhängiges Erkennen und Wirken verrät. Eine solche Verbindung scheint auf den ersten Blick noch weit mehr zur dualistischen Seelenlehre treiben zu wollen, als wenn nur das Problem vorläge, wie die organische Materie zum sinnlichen Bewußtsein gekommen ist; aber wir entgehen dem Dualismus und erklären jene viel rätselhaftere Verbindung, indem wir die Seele zum organisierenden Prinzip des Körpers machen. Das geschieht aber nicht willkürlich, sondern die Tatsachen der Geheimwissenschaften beweisen es, daß wir die materielle Darstellung eines übersinnlichen individuellen Prinzips sind. Daß die Seele eine belebende und organisierende ist, wird aber schließlich nach dem Tode bestätigt; denn der entseelte Leib verliert seine Organisation und löst sich in seine Bestandteile auf.

Der Materialismus verwechselt also wieder einmal Ursache und Bedingung, wenn er Leben und Organisation aus der Materie selbst erklären will. Die Materie ist nicht Ursache unseres Lebens, wohl aber die von selbst verständliche Bedingung einer materiellen Existenz. Der Materialismus löst also das Menschenrätsel nur scheinbar, indem er das eigentliche Problem eskamotiert; die alte Seelenlehre der

Spiritualisten aber löst es auch nicht und verlegt es an eine falsche Stelle, die Seele im Bewußtsein suchend. Davon hätte uns aber schon eine geringe Besinnung abhalten können; denn im Mutterleib haben wir kein Bewußtsein, nach der Geburt kommt es erst im Verlaufe der Jahre zur Reife; ein ganzes Drittel unseres Daseins verfließt ohne Bewußtsein, und während des ganzen Lebens bleibt eine ganze Hälfte unserer Funktionen, die organischen, uns unbewußt. Wenn wir nun aber l e b e n können ohne Bewußtsein, so muß die uns erhaltende Kraft notwendig vom Bewußtsein verschieden sein, d. h. die Seele muß im Unbewußten liegen. Diese erhaltende Kraft erkennen wir im Hypnotismus, mehr aber noch im Somnambulismus, als eine gestaltende und organisierende, und zwar verbunden mit einem transzendentalen Bewußtsein, welches viel reichere Beziehungen zur Natur verrät als das sinnliche Bewußtsein hat. Die daraus fließenden höheren Fähigkeiten haben von jeher so sehr die Verwunderung der Okkultisten erregt, daß sie hieraus auf einen göttlichen Ursprung der menschlichen Seele und deren Unsterblichkeit schlossen. „Die fernwirkende magische Kraft" — sagt van Helmont — „haben wir in dem Teile von uns zu suchen, welcher das Ebenbild der Gottheit ist." Dem Mythus, daß der Mensch nach Gottes Ebenbild geschaffen sei, haben also die Okkultisten einen weit tieferen Sinn gegeben, als es gewöhnlich geschieht. Versteht man nämlich diese Ebenbildlichkeit vom irdischen Menschen, so behält Voltaire Recht: „Tant pis pour Dieu, si je lui ressemble!"[29]) Die Okkultisten aber bezogen diese Ebenbildlichkeit auf das transzendentale Subjekt. So van Helmont: „Ich sage, daß der Mensch ein mit Vernunft begabtes Tier ist; der wahre Mensch aber ist kein Tier, sondern das wahre Bild Gottes."

Auf die magischen Fähigkeiten, die sich aus der Leiblichkeit nicht erklären lassen, also einen von der Leiblichkeit verschiedenen Träger voraussetzen, eine Seele, gründen die Okkultisten auch den Unsterblichkeitsbeweis. „Es wohnt"—sagt Agrippa—„unserer Seele ein das All umfassender Scharfblick inne, der durch die Finsternis des Körpers und der Sterblichkeit verdunkelt und gehemmt ist, nach dem Tode aber, wenn die vom Körper befreite Seele die Unsterblichkeit erlangt, zur vollkommenen Erkenntnis wird. Daher wird manchmal den dem Tode Nahen und durch das Alter Geschwächten ein ungewohnter Lichtstrahl zuteil, weil alsdann die Seele weniger von den Sinnen gefesselt und schon gleichsam etwas von ihrer Bürde befreit und dem Ort, wohin sie wandern wird, näher stehend, dem Körper nicht mehr so unterworfen wird, als früher."[30])

Aber diese magischen Fähigkeiten der Seele könnten niemals Gegenstand der Erfahrung werden, wenn wir nicht beide Daseinsweisen, die materielle und transzendentale, gleichzeitig führen würden. Würde das transzendentale Subjekt bei der Geburt seine transzendentale Natur einbüßen und mit der irdischen vertauschen; wäre das irdische Dasein eine Unterbrechung und Ablösung des transzendentalen Daseins, das erst im Tode wieder erworben würde, so gäbe es zwar einen Spiritismus, aber keinen Somnambulismus. Bei einer solchen Annahme würden wir uns den Weg zum Verständnis der Geheimwissenschaften und des Menschenrätsels versperren, ja es gäbe keine Geheimwissenschaften, den Spiritismus ausgenommen. Die okkulten Phänomene sind vielmehr nur unter der Bedingung möglich und begreiflich, daß wir gleichzeitig beide Daseinsweisen führen. Die Annahme ist ganz unzulässig, daß wir durch die verschiedenen Operationen, wodurch wir selbst und andere uns in Ekstase versetzen, in transzendentale Wesen zurückverwandelt würden, infolge wovon alsdann die magischen Kräfte der Erkenntnis und des Willens eintreten. Wir können beispielsweise nicht annehmen, daß ein Magnetiseur durch Striche uns fernsehend zu machen vermöchte. Wohl aber können wir annehmen, daß er uns in einen Zustand der sinnlichen Bewußtlosigkeit versetzt, und daß dann das latent bereits vorhandene transzendentale Bewußtsein eo ipso aus der Latenz tritt. Die beiden Personen unseres Subjekts — um mit Kant zu reden — müssen also gleichzeitig existieren, sonst wäre überhaupt kein Okkultismus möglich; und das transzendentale Bewußtsein taucht von selbst auf, wenn das sinnliche unterdrückt ist, wie die Sterne von selbst leuchten, wenn die Sonne untergegangen ist. Die Sterne kommen nicht etwa erst jetzt heran — wie die alten Arier meinten —, sondern sie waren schon gleichzeitig mit der Sonne da, durch deren Beseitigung sie lediglich optisch werden. [31])

Auf dieser Gleichzeitigkeit der beiden Existenzweisen beruht es also, daß wir den magischen Kräften und Fähigkeiten schon innerhalb des irdischen Daseins begegnen können, sowohl der Magie der Erkenntnis, dem übersinnlichen Bewußtsein, z. B. im Fernsehen der Somnambulen, als der Magie des Willens, der magischen Willenswirkung. Diese kann auftreten als schwarze, schädigende Magie, wie im Zauber- und Hexenwesen, oder als weiße, wohltätige Magie; so im tierischen Magnetismus und in der religiösen Mystik. [32])

Die Okkultisten waren sich von jeher darüber klar, daß der Mensch gleichzeitig die beiden Existenzweisen führt, die irdische und die transzendentale. Kant aber hat die gleiche Wahrheit, wiewohl ihm das empirische Tatsachenmaterial nicht zur Verfügung stand, intuitiv gefunden. Er hat, wie wir gesehen haben, mit Worten, die gar nicht mißzuverstehen sind, und die ich nicht etwa in ihn hineingelesen habe, ausgesprochen, daß wir schon zu Lebzeiten unbewußterweise Geister sind und mit anderen Geistern in Verbindung stehen. Aber freilich kann man diese Ansicht Kants nur verstehen, wenn man daran festhält, daß das Jenseits nur jenseits der Empfindungsschwelle liegt; denn wäre es ein anderer Ort als das Diesseits, dann würden unsere beiden Wesenshälften in räumlicher Trennung leben, die eine etwa in der Stadt München, die andere in Wolkenkuckucksheim. Aber so hat es Kant auch gar nicht verstanden. Das Jenseits ist ihm lediglich ein Jenseits der Empfindungsschwelle; er hat auch das mit Worten ausgesprochen, von welchen nichts hinweggedeutet werden kann: „Wenn sich aber die Seele vom Körper trennt, so wird sie nicht dieselbe sinnliche Anschauung von dieser Welt haben; sie wird nicht die Welt so anschauen, wie sie erscheint, sondern so, wie sie ist. Demnach besteht die Trennung der Seele vom Körper in der Veränderung der sinnlichen Anschauung; und das ist die andere Welt. Die andere Welt ist demnach nicht ein anderer

Ort, sondern nur eine andere Anschauung." Wenn Kant ferner sagt: „Ebensowenig als die empirische Physik zur Metaphysik gehört, so wenig gehört auch die empirische Psychologie zur Metaphysik" — so verzichtet er mit diesen Worten ausdrücklich darauf, den Seelenbeweis in der Bewußtseinsanalyse zu finden, d. h. er sagt, daß die Seele im Unbewußten liegt und nur aus den Tatsachen der transzendentalen Psychologie sich beweisen läßt. Ich befinde mich also auf der ganzen Linie im Einklang mit Kant, und wenn meine verschiedenen Gegner behaupten, daß ich Kant mißverstehe, so muß ich annehmen, daß sie entweder nicht deutsch verstehen, oder daß es ihnen an Ehrlichkeit fehlt.

„Jeder Mensch"—sagt Swedenborg—„ist dem Innern nach Geist." Ja, er geht noch weiter: „Jeder Mensch ist, auch während er noch im Körper lebt, hinsichtlich seines Geistes in der Gesellschaft von Geistern, wiewohl er nichts davon weiß." Damit sagt Swedenborg genau dasselbe wie Kant: „Es wird noch bewiesen werden, daß die menschliche Seele auch in diesem Leben in einer unauflöslich verknüpften Gemeinschaft mit allen immateriellen Naturen der Geisterwelt stehe, daß sie wechelweise in diese wirke und von ihnen Eindrücke empfange, deren sie sich aber als Mensch nicht bewußt ist, so lange alles wohl steht." Später aber, in seiner kritischen Periode, sagt er: „Örter sind nur Verhältnisse körperlicher, nicht aber geistiger Dinge. Demnach ist die Seele, weil sie keinen Ort einnimmt, in der ganzen Körperwelt nicht zu sehen. Sie hat keinen bestimmten Ort in der Körperwelt, sondern sie ist in der geistigen Welt; sie steht in

Verbindung und im Verhältnis mit anderen Geistern."

Mit diesen Worten von Kant und Swedenborg ist die Bedingung klar bezeichnet, unter welcher mystische Phänomene überhaupt möglich sind, d. h. unter welchen sie Gegenstand der Erfahrung werden können. Von einer übersinnlichen Welt können wir nur Kunde erhalten, wenn wir selber Geister sind, und zwar schon im irdischen Leben, und wenn wir als Geister mit anderen Geistern in Verbindung stehen. Diese beiden Bedingungen liefern den logischen Einteilungsgrund aller mystischen Phänomene: die einen gehören dem Somnambulismus an, die anderen dem Spiritismus. Im Somnambulismus lernen wir unseren eigenen Geist kennen, unser Hineinragen in die Geisterwelt; im Spiritismus die fremden Geister, das Hereinragen der Geisterwelt. Modern gesprochen ist also Kants Ansicht die, daß wir unbewußt sowohl Somnambule als Medien sind.

A priori leugnen läßt sich das offenbar nicht; denn unser sinnliches Bewußtsein kann gar nicht wissen, was im Unbewußten gegeben ist. Es kommt also alles auf die Erfahrung an, ob vielleicht doch diese unbewußten Verhältnisse ausnahmsweise uns bewußt werden. Das kann aber eintreten, wenn zu der Gleichzeitigkeit der beiden Existenzweisen noch eine weitere Bedingung hinzutritt: transzendentale Einsichten, die wir als Somnambule aktiv gewinnen oder als Medien passiv empfangen, können uns bewußt werden, d. h. ins sinnliche Bewußtsein übergehen, wenn die Empfindungsschwelle verlegt wird, welche die Bruchfläche zwischen den beiden Personen unseresSubjekts bildet. Die Verlegbarkeit der Empfindungsschwelle ist nun eine biologische Tatsache und eine des individuellen Seelenlebens, und sie beweist die reale Einheit der beiden Personen unseres Subjekts. Das Jenseits sowohl, wie unser jenseitiges transzendentales Wesen liegen nur jenseits der Schwelle. Die Verlegbarkeit der Schwelle beweist ferner, daß die Phänomene des Somnambulismus und Spiritismus mindestens in der biologischen Zukunft, d. h. bei noch weiterer Verlegung der Schwelle, sich einstellen müßten, wenn sie nicht schon heute, d. h. beim derzeitigen Grad der Verlegung, Erfahrungstatsachen wären. Heute also würde Kant empirisch bestätigt finden, was er geahnt hat. Nichts ist daher so sicher, als daß Kant heute Spiritist sein würde; denn soweit man es zu seiner Zeit sein konnte, war er es. [33])

Nun werden allerdings die modernen Aufgeklärten, wenn nur das Wort Spiritismus ausgesprochen wird, ganz nervös. Es besteht aber kein Grund zur Aufregung. Vielmehr verrät es nur Mangel an Besinnung, wenn man glaubt, den Widerstand gegen den Spiritismus überhaupt aufrecht erhalten zu können. Man kann den spiritistichen Tatsachen geflissentlich aus dem Wege gehen und riskiert natürlich nicht, mit Gewalt in eine Sitzung geschleppt zu werden. Aber der Verteidiger des Spiritismus kann jeden Widerstand durch logische Gründe brechen, und schließlich könnte sogar gezeigt werden, daß die Naturwissenschaft selbst, ohne es zu wissen, die Wahrheit des Spiritismus bewiesen hat. Ich will hier beides tun.

Zunächst könnte ich darauf hinweisen, daß wir im Somnambulismus ein von der Leiblichkeit unabhängiges Erkennen und Wirken kennen lernen, dessen Träger, das transzendentale Subjekt, von leiblichen Veränderungen nicht betroffen werden kann, also auch nicht vom Tode. Ist er nun aber unsterblich, so stehen wir vor dem Spiritismus. Wenn sich der Mensch im somnambulen Zustand als ein Spirit zeigt, so ist er es natürlich auch nach dem Tode, und es handelt sich nur mehr um die untergeordnete Frage, ob dieser entleibte Spirit in die Erfahrung treten kann. Auch diese Frage muß aber bejaht werden; denn im Leben, im Somnambulismus, tritt dieser Spirit nicht vermöge seiner Leiblichkeit in die Erfahrung, sondern trotz derselben. Wenn also dieses leibliche Hindernis, welches im Somnambulismus nur teilweise beseitigt ist, im Tode ganz hinwegfällt, so müssen die Manifestationen dieses Spirit in mehrfacher Hinsicht sogar leichter eintreten, als im Leben. Es ist daher sehr begreiflich, daß man beispielsweise von Gespenstern weit mehr hört, als von Doppelgängern. [34])

Das sind nun logische Gründe, durch welche der Spiritismus a priori bewiesen werden kann, aber allerdings nur unter der Voraussetzung, daß die Tatsachen des Somnambulismus wahr seien. Da ich aber meine Gegner nicht zwingen kann, den Somnambulismus zu studieren, so bleibt nur übrig, zu zeigen, daß die Naturwissenschaft selbst den Spiritismus bewiesen hat.

Unsere irdische Erfahrung hängt ab von unserer irdischen Organisation. Nehmen wir nur an, die uns gegebenen Sinne hätten eine andere Empfindungsschwelle, so wäre schon dadurch unser Weltbild geändert. Nehmen wir an, unser bloßes Zeitmaß für sinnliche Wahrnehmung wäre verkürzt oder verlängert, so würden wir eine ganz andere

Welt sehen. Es ist dies von einem der denkenden Naturforscher, nämlich von Karl Ernst von Baer, in einer höchst lesenswerten Abhandlung ausgeführt worden. [35]) Hätte ferner das uns gegebene Nervensystem einen anderen anatomischen Verlauf, sodaß Sinneswerkzeuge, die bei uns getrennt sind, durch Anastomosen verbunden wären, so würden wir etwa Lichtphänomene hören oder Töne schmekken. [36]) Hätten wir im Hintergrund unseres Auges statt der Netzhaut Nervenbündel, die mit der Schnecke in unserem Ohr in Verbindung stünden, so würden wir hören, was wir sehen; wir würden den Regenbogen nicht als siebenfarbiges Spektrum sehen, sondern als siebenfache Tonleiter hören. Wesen dieser Art würden eine Art von Harmonie der Sphären vernehmen, wo wir den Fixsternhimmel sehen, und doch könnte ihre Astronomie ebenso exakt sein wie die unserige. Ebenso könnte durch allseitige Verbindung aller Sinneswerkzeuge eine Art von Allsinn erzeugt werden, sodaß jeder Naturvorgang zu allen unseren Sinnen spräche. Auch damit wäre unsere Erfahrung, unser Weltbild verändert. Nehmen wir aber an, wir hätten ganz andere Sinne, als die uns gegebenen, so würde unsere jetzige Welt verschwinden und eine ganz andere dastehen. Auf diese Weise könnten Bewohner des gleichen Planeten nebeneinander bestehen, ohne doch die geringste Kenntnis voneinander zu haben. Nebenbei gesagt ist unser transzendentales Subjekt ein solcher Bewohner der Erde, von dem wir nichts wissen. Aber auch auch in Bezug auf das Gehirn ist es ein ganz von selbst verständlicher Satz, daß unsere Erfahrung von unserer Organisation abhängt. Das Pferd, welches Moltke im Jahre

1870 ritt, hat in der gleichen Lage, wie sein Reiter, doch eine weit geringere Erfahrung gemacht, und ein Genie lernt auf einem Spaziergang mehr als ein Tor auf einer Reise um die Welt.

Diese Sätze sind ganz unbestreitbar, und von der Naturwissenschaft selbst bewiesen. Daraus erhellt aber auch auch der ganze Unverstand des Materialismus. Er beruht auf der nur für unsere Organisation geltenden Erfahrung, er abstrahiert daraus Gesetze, die nur für uns gelten, und glaubt nun darin Weltgesetze entdeckt zu haben! In der Tat aber hat er, wenn er diese Naturgesetze noch so exakt beweist, nur subjektive, für die Menschennatur gültige Gesetze entdeckt. Für eine andere Organisation gilt eine andere Erfahrung, und aus einer anderen Erfahrung folgen auch andere Naturgesetze. Ein Ludwig Büchner, wenn er vor Wesen von einer anderen Organisation von seinen angeblichen Weltgesetzen spräche, würde einfach verlacht werden.[37])

Mit jeder Organisation ändert sich die Erfahrung; das gibt der Materialismus zu. Mit der Erfahrung ändern sich aber auch die daraus abstrahierbaren Gesetze; wenn der Materialist das leugnet, so kann man wahrlich sagen, daß er sich selber nicht versteht. Jede Weltanschauung, die auf bloße Erfahrung sich gründen will und welche die philosophische Besinnung über dieser Erfahrung vernachlässigt oder wohl gar verbieten möchte, muß also vorweg als eine kindliche Naivität bezeichnet werden.

Nehmen wir nun Wesen an, deren Organisation mit der unsrigen keine Ähnlichkeit hätte — und welchen ungeheuren biologischen Reichtum zeigt schon die uns bekannte Natur des kleinen Sternes, den wir bewohnen!—, Wesen, welche für uns, und wir für sie, unwahrnehmbar wären, so könnten in der für solche Wesen vorhandenen Welt Veränderungen eintreten, die den gemäß unserer Organisation in unserer Welt geltenden Gesetzen widersprechen. Da nun aber bei gegebener Entwicklung der beiderseitigen Organisationsreihen in jener und unserer Welt — welche Welten räumlich sogar zusammenfallen könnten—auch die Wahrnehmungsweisen der beiderseitigen Bewohner in Kontakt kommen können, ja müssen, so wäre es sehr wohl möglich, daß jene Veränderungen in jener Welt trotz ihres Widerspruchs mit den für uns geltenden Gesetzen doch der Wirkung nach in unsere Wahrnehmung, in unsere Erfahrung fallen. Das wäre, vom Standpunkt unserer Gesetze betrachtet, ein Wunder, aber vom Standpunkt jener Welt betrachtet, doch ein naturgesetzlicher Vorgang. Die Wunder der Erde, sagt Jean Paul, sind die Gesetze des Himmels. Solche Vorgänge nun, deren Ursache in jener Welt liegt, deren Wirkung aber in unsere Welt, in unsere Wahrnehmung fällt, bietet der Spiritismus in Hülle und Fülle. Bei den spiritistischen Phänomenen kommen zwei Weltsphären in Kontakt, deren Organisationen, also auch deren Erfahrungen verschieden sind, in welchen also verschiedene Naturgesetze gelten. Veränderungen in jener Welt könnten aber auch von deren Bewohnern selbst ausgehen. Denken wir uns Wesen von einer so groben Materialität, welche die des Eisens weit überträfe, so könnten solche mit ihrem Leibe durch Granit fahren, wie wir durch die Luft. Denken wir uns andere Wesen von so unendlicher ätherischer Verdünnung, daß sie, wie eben der Äther selbst, durch die

Poren des Granits hindurchgehen könnten, so wäre auch für solche Wesen Granit nicht vorhanden. Diese zwei Wesensarten würden sich aber gegenseitig für Unmöglichkeiten erklären, genau so, wie Ludwig Büchner die Tatsache leugnet, daß Gespenster durch verschlossene Türen hereinkommen.[38])

Von diesem Standpunkt aus nun hört der Spiritismus auf, paradox zu sein. Wenn also der Materialist meint, daß die Naturwissenschaft den Spiritismus, weil unseren Naturgesetzen widersprechend, niemals anerkennen werde, so geht aus obigem hervor, daß eine besonnene Naturwissenschaft ihn heute schon akzeptieren kann, seine Möglichkeit wenigstens a priori zugeben muß. Alles kommt also auf die Erfahrung an, die man aber allerdings nicht erfährt, wenn man es wie jene Professoren macht, die sich weigerten zu kommen, als ich sie zu einer spiritistischen Sitzung einlud. Wenn der Materialismus meint, den Spiritismus für alle Ewigkeit verwerfen zu müssen, so versteht er also sich selber nicht; denn der Spiritismus liegt in der Verlängerungslinie der Naturwissenschaft, ja er ist eine logische Folgerung aus materialistischen Prämissen.

Damit können wir uns wieder der Seelenlehre zuwenden, die ja auch ohne den Spiritismus fest begründet werden kann, für welche aber der Spiritismus den Wert einer weiteren Bestätigung hat.

Das Verhältnis der beiden Personen unseres Subjekts ist von solcher Art, daß zwar uns die Seele unbewußt, richtiger ungewußt ist, nicht aber wir der Seele. Darum erwachen wir aus dem Somnambulismus erinnerungslos, während umgekehrt das transzendentale Bewußtsein, als der größere Kreis, den kleineren Kreis des sinnlichen Bewußtseins mit umfaßt. Wir können also den Menschen mit einer Ellipse vergleichen, deren einer Brennpunkt — das transzendentale Bewußtsein — die ganze Fläche der Ellipse beleuchtet, während der andere — das sinnliche Bewußtsein — ein andersartiges Licht aussendet, und welches auch nur von halber Ausdehnung ist. Oder wir können ihn mit einer Kugel vergleichen, deren stereometrischer Mittelpunkt den kubischen Inhalt beleuchtet, während an der Oberfläche das Licht des sinnlichen Bewußtseins leuchter, aber keinen Strahl in das Innere sendet.

Die physiologische Psychologie will das Rätsel des Menschen gleichsam geometrisch lösen, und für sie liegt nur das Problem vor, wie sinnliches Bewußtsein und Leben mit organischer Materie verbunden sein kann. Weil nun aber stereometrische Probleme sich geometrisch nicht lösen lassen, mündet die physiologische Psychologie beim Ignoramus, ja Ignorabimus ein. Die transzendentale Psychologie dagegen ist dem Menschenrätsel gewachsen; sie löst das stereometrische Problem stereometrisch. Für sie liegt das viel tiefere Problem vor—das aber gerade durch seine Vertiefung die Lösbarkeit des Menschenrätsels zeigt—, wie ein transzendentales Subjekt mit einem irdischen Körper verbunden sein kann. Die Antwort ergibt sich aus jenen Tatsachen, in welchen sich die Seele als eine organisierende erweist. Diesen Tatsachen begegnen wir im Hypnotismus, Somnambulismus und Spiritismus, aber auch schon in der Ästhetik und Technik. Daraus, daß unser transzendentales Subjekt teleologisch zu organisieren vermag, erklärt sich

der mit einem Gehirn versehene Körper, in welchem Gehirn, wie in einem Kephaloskop die transzendentale Erkenntnisweise in eine sinnliche umgebrochen wird. Daß wir ein Bewußtsein überhaupt haben, ist Sache der Seele; daß dieses Bewußtsein für den Körper die Form des Irdischen hat, ist Sache des Gehirns. Wir unsererseits haben also keinen Grund zu dem Seufzer: Ignorabimus.
Die neue Seelenlehre, welche auf den Tatsachen der transzendentalen Psychologie beruht, zeigt also unverkennbare Vorteile vor der alten. Die alte Seelenlehre ist dualistisch, die neue ist monistisch. Die alte konnte die Seele nur erschließen aus der Unzulänglichkeit der Physiologie für die Erklärung des Menschen; die neue dagegen zeigt die Seele empirisch, weist sie direkt in ihren Funktionen auf. Die alte Seelenlehre gleicht dem Astronomen, der aus der Unregelmäßigkeit der Uranusbewegung die Existenz des Nachbarplaneten Neptun erschließt; die neue Seelenlehre gleicht dem anderen Astronomen, der den Neptun mit dem Teleskop entdeckt. Man könnte sagen, daß es viel mehr Verstand erfordere, den Neptun zu errechnen, als ihn mit dem Teleskop zu finden. Ich bestreite das nicht. Aber wenn Leverrier den Ort des Neptun gewußt hätte, würde er sich seine Rechnung erspart haben; und wenn wir jetzt behufs jeder Neptunbeobachtung erst seinen Standort errechnen wollten, statt kurzweg das Teleskop hinzurichten, so wären wir unbestreitbar große Narren. Eben solche Narren wären wir aber, wenn wir bei dem Versuch, eine Seelenlehre zu begründen, die Tatsachen der transzendentalen Psychologie unbeachtet ließen, in welchen doch der Seelen-

beweis ganz direkt liegt, und wenn wir dagegen uns auf die Psychologie des normalen Lebens einschränken würden, aus welcher die Seele nur indirekt erschlossen werden kann, und die sich zudem erst die Mühe geben muß, sich mit dem Materialismus auseinanderzusetzen, was wir gar nicht nötig haben.

Bei unserer theologischen Fakultät ist die Seelenlehre in der mittelalterlichen Scholastik stecken geblieben; bei der naturwissenschaftlichen Fakultät ist sie materialistisch geworden und bei der philosophischen ist die Seele pantheistisch zerflossen.[39]) Eine monistische und individualistische Lösung des Seelenproblems kann nur mehr von der transzendentalen Psychologie mit den Geheimwissenschaften als empirischer Grundlage erhofft werden. Die moderne Wissenschaft sträubt sich noch dagegen, aber insofern ist sie nicht nur hinter den mittelalterlichen Okkultisten zurückgeblieben, sondern steht noch auf einem vorbiblischen Standpunkt; denn schon in der Bibel wird vielfach zwischen Seele und Ich — ψυχή μου und ἐγώ — unterschieden. Paulus sagt: „Denn welcher Mensch weiß, was im Menschen ist, ohne den Geist des Menschen, der in ihm ist" (1. Kor. 2, 11). Sogar von Cicero könnten wir lernen: „Intelligendum est, duobus, quasi a natura nos indutos esse personis."[40]) Am deutlichsten aber findet sich diese Lehre bei Kant, und zwar in seinen „Vorlesungen" aus der kritischen Periode. Als ich aber den wichtigsten Teil dieser Vorlesungen, den über Psychologie, 1889 neu herausgab, wurde dieses Buch — abgesehen von ein paar journalistischen Stimmen von der bekannten Oberflächlichkeit und Verständnislosigkeit — mit jenem großen

Schweigen aufgenommen, in dem die ganze Verlegenheit der Gegner sich verriet. Man konnte mir den Nachweis nicht verzeihen, daß meine philosophischen Anschauungen, auf Grundlage der Geheimwissenschaften gewonnen, sich mit denen Kants deckten, der intuitiv vorgegangen war. Man hat es mir verübelt, daß ich ein Buch wieder ans Licht zog, das man vorsichtigerweise in die Gesamtausgaben nicht aufgenommen hatte, in die öffentlichen Bibliotheken nicht angeschafft hatte, und das im Buchhandel vergriffen war; ein Buch, worin Kant nicht nur Präexistenz und Unsterblichkeit lehrt, sondern auch die Geburt des Menschen als Inkarnation eines transzendentalen Subjekts hinstellt, das Jenseits als bloßes Jenseits der Empfindungsschwelle, und worin er — wenn er es auch nicht mit dem modernen Wort bezeichnet—lehrt, daß wir alle unbewußterweise Somnambule und Medien sind.[41])
Einen solchen Kant, der, da nunmehr seine Ansichten empirisch bestätigt sind, heute ganz unbestreitbar, und so gut wie Schopenhauer, Spiritist sein würde, kann unsere Wissenschaft natürlich nicht brauchen, und da man mir doch keine Fälschung vorwerfen kann, blieb nur Schweigen übrig. Hätte ich dagegen einen alten Waschzettel Kants entdeckt und mit einer grundgelehrten Abhandlung über dessen unzweifelhafte Echtheit herausgegeben, so wäre das allerdings ein anderer Fall gewesen, und ich wäre alsdann dem Antrag einer Professur kaum entgangen. Dem Leser aber, der sich für Geheimwissenschaften interessiert, kann ich nur dringend empfehlen, Kants „Vorlesungen" zu lesen. Er wird sich dann sagen, daß man den Beifall,

den die dii minorum gentium verweigern, entbehren kann, wenn man einen Kant auf seiner Seite hat. Unvermeidlich werden nun aber die Geheimwissenschaften, weil sie eben auf Tatsachen beruhen, bald anerkannt werden, und dann wenigstens wird man die mystische Seite der Kantischen Phisophie nicht mehr vertuschen, sondern auf ihn als einen Vorläufer der derzeitigen Bewegung hinweisen; die Anhänger der Bewegung kann man aber nicht hindern, daß sie es schon heute tun.

Wenn man nun mit Kant zwischen unseren beiden Wesenshälften unterscheidet, so könnte man allerdings versucht sein, die irdische Geburt als einen Fall, etwa Sündenfall, unseres transzendentalen Subjekts, und den Körper — wie die Alten sagten — als einen Kerker der Seele zu bezeichnen. Aber diese Anschauung drückt das richtige Verhältnis nicht aus, weil sie die Gleichzeitigkeit der beiden Existenzweisen nicht berücksichtigt. Das irdische Dasein kommt durch die Geburt zum transzendentalen Dasein, unbeschadet des letzteren, hinzu, und der Schein der Ablösung besteht nur für den irdischen Menschen und entsteht aus der Beschränkung seines Bewußtseins auf die irdische Situation, während das transzendentale Dasein für ihn optisch verschwindet. Von einem Kerker der Seele ist also keine Rede; wohl aber ist ein Vergleich zwischen dem sinnlichen und transzendentalen Bewußtsein gestattet, und dieser fällt allerdings zugunsten des letzteren aus, obwohl wir es nur fragmentarisch kennen. Soweit sich die Seele in einem Leibe verkörpert, stellt sich ein Höheres in einem Niederen dar, und insofern kann man allerdings sagen: „Ein grober Leib beschwert die

Seele und eine irdische Hülle schränkt die Denkkraft ein" (Weish. Sal. 9, 15).

Nehmen wir an, es würde — wie die alte Reinkartionslehre es als möglich hinstellt — eine menschliche Seele in dem Körper eines niederen Lebewesens wiedergeboren werden, so könnte sie keine menschlichen Fähigkeiten zeigen, sondern nur solche, die durch Beschaffenheit und Gebrauch ihrer neuen Organe begrenzt sind. Was würde z. B. aus der menschlichen Vernunft in einem Körper ohne Hände? Helvetius sagt, daß, wenn die Natur unsere Handgelenke statt mit Händen und beweglichen Fingern mit Pferdehufen versehen hätte, so würden die Menschen ohne Kunst, ohne Wohnung, ohne Verteidigungsmöglichkeit in den Wäldern herumirren.[42]) Es ist auch gar nicht zu leugnen, daß der menschliche Verstand nur vermöge der ganzen menschlichen Organisation sich entwickeln konnte. Ohne Werkzeuge keine Zivilisation; die Hand aber ist, wie Aristoteles sagt, das Werkzeug aller Werkzeuge. Ein Geist kann sich nur so weit manifestieren, als sein Körper es ihm gestattet und insofern kann das transzendentale Subjekt in einem irdischen Körper nicht alle seine Fähigkeiten zeigen. Aber wir sind eben in diesem irdischen Körper nur in der Halbheit unserer Natur begriffen; unsere transzendentale Existenzweise hört bei der Geburt nicht auf, und sie bildet die andere uns unbewußte Halbheit.

Man kann auch, wie es vielfach geschieht, das Leben einen Traum nennen, insofern als die Welt als Vorstellung sich mit der Welt an sich nicht deckt. Man kann mit Giordano Bruno das irdische Leben im Vergleich mit dem künftigen einen Tod nennen, insofern, als das transzendentale Leben ein viel intensiveres ist; man kann mit demselben Autor die Zeugung mit einem Lethetrank vergleichen, der das Vorleben vergessen macht; aber alle diese Ausdrücke geben leicht zu Mißverständnissen Anlaß und haben vom Standpunkt der Gleichzeitigkeit der beiden Personen unseres Subjekts nur bedingte Geltung. Das Gleiche gilt von dem Worte „Nachtseite des Seelenlebens"; denn die Phänomene der transzendentalen Psychologie, obwohl sie nur wie ein Wetterleuchten in die Erscheinung treten, sind in mehrfacher Hinsicht als die geistesfreieren unseres Wesens zu bezeichnen.

Sehen wir nun zu, wie sich vom Standpunkt der monistischen Seelenlehre das Problem des Todes darstellt, ohne Zweifel das wichtigste Problem für ein Wesen, dessen Essenz Lebenswille ist, welches nicht etwa den Lebenswillen hat, sondern Lebenswille ist. Nach materialistischer Voraussetzung müßte dieser Wille proportional sein dem Glücksinhalt der individuellen Existenz; der Glückliche müßte das Leben bejahen, der Unglückliche verneinen. Das trifft aber nicht zu, der Lebenswille ist vielmehr eine mehr oder minder konstante, vom Lebensinhalt unabhängige Größe. Auch die Armen und Elenden fürchten den Tod. Das ist nur begreiflich, wenn der Wille zum Leben nicht erst durch den Lebensinhalt erzeugt wird, sondern metaphysischer Natur ist und dem Leben vorhergeht, wenn er also nicht Wirkung, sondern Ursache des Lebens ist. So weit hat Schopenhauer ohne Zweifel Recht; wir sind Wille zum Leben, der Wille ist primär. Wenn er beifügt, der Intellekt sei sekundär, so gilt das nur von der sinnlichen Erkenntnis, die transzendentale Erkenntnisweise ist ebenso primär wie der Lebenswille, d. h. unsere Essenz ist kein blinder, sondern ein erkennender Wille; sie fällt auch nicht mit der Weltsubstanz zusammen, sondern ist ein transzendentales Subjekt, eine individuelle Seele. Da sich diese zudem als eine organisierende erwiesen hat, so ist die irdische Geburt ein Willensakt dieses Wesens. Es ist das eine unabweisliche Folgerung aus der Präexistenz, daher denn Kant im Anschluß an Swedenborg die Folgerung auch gezogen hat, daß unsere Eltern nur unsere Adoptiveltern sind.[43])

Bedenken wir ferner, daß das Fernsehen ein Vermögen des transzendentalen Subjekts ist, so ergibt sich noch weiter, daß nicht nur die Geburt überhaupt, sondern auch die in die gegebenen individuellen Lebensverhältnisse hinein, ein freiwilliger Akt unseres Wesens ist. Auch dann, wenn diese Lebensverhältnisse den Wünschen der irdischen Personen durchaus widersprechen, müssen sie unseren transzendentalen Zwecken entsprechen, und es ist nur unsere eigene individuelle Vorsehung, die unser Schicksal bestimmt hat. Die monistische Seelenlehre leistet also, was noch keine Weltanschauung zu leisten vermochte: sie stellt den Menschen auf die eigenen Füße. In jeder anderen Weltanschauung dagegen bleiben wir berechtigt, entweder dem blöden Zufall der Geburt zu grollen, oder der wie immer gedachten außer uns selbst liegenden Ursache unseres Daseins und Schicksals.

Wenn wir nun den Inhalt des menschlichen Lebens betrachten, den Kampf ums Dasein, der auf der Erde biologisch, geschichtlich und gesellschaftlich wütet, die Not und das Leiden, die mit den allermeisten menschlichen Existenzen verknüpft sind, so erscheint es auf den ersten Blick völlig unbegreiflich, wie die Menschen je das Wort wagen konnten: „Gott sahe an alles, was er gemacht hatte, und siehe da, es war sehr gut" (1. Mose 1, 31). Gut sein könnte der Kampf ums Dasein nur in dem einzigen Fall, wenn er Mittel zum Zweck wäre, aber wahrlich nicht an sich. Nur im ersteren Fall wäre der Weltgrund moralisch entlastet. Haben wir nun ein Recht zu dieser Annahme? Es scheint so; denn überall in der Natur, im astronomischen, biologischen und geschichtlichen Gebiete sehen wir als Resultat des Kampfes ums Dasein die Höherentwicklung und den Fortschritt. Eine Weltvernunft ist also eine gar nicht zu vermeidende Annahme, mögen wir sie nun personifiziert denken oder nicht; mögen wir sie außerhalb der Naturgesetze denken oder in diese selbst legen. So gewiß, als Entwicklung ist, so gewiß ist die Weltvernunft, so gewiß aber auch ist es ein übermenschliches Problem, sie näher definieren zu wollen.

Betrachtet man dagegen diese leidensvolle Welt nicht als Mittel zu einem unbekannten, aber jedenfalls in der Verlängerungslinie der bisherigen Höherentwicklung liegenden Zweck, sondern als Selbstzweck, so müßte man wahrlich sagen, daß zwar der Meister sein Werk lobe, aber nicht das Werk den Meister. Es wird alles gut werden—, das zu glauben, haben die Menschen allen Grund; es sei alles gut gewesen, — das kann gelten von der transzendentalen Welt, die dem Materialisierungsprozeß vorherging; aber es sei alles gut, dieser Optimismus, von der Welt des Kampfes ums Dasein als Selbstzweck ausgesagt, wäre eine ruchlose Gesinnung, die nur aus der Blindheit oder Hartherzigkeit ihrer Vertreter erklärt werden könnte. Wer mitleidig ist, muß dem irdischen Pessimismus anheimfallen; aber dieser Pessimismus, die berechtigte Weltanschauung vom Standpunkt der irdischen Person, wird zum transzendentalen Optimismus vom Standpunkt der Entwicklung, wenn das Ziel derselben im Transzendenten liegt, nicht innerhalb der materiellen Weltphase.

Was von der Welt gilt, gilt von uns. Wenn unser Dasein, ja unser Schicksal unser eigenes Werk sind, deren Zweck ein metaphysischer ist, dann kann ein transzendentaler Optimismus berechtigt sein, und der Tod erscheint uns dann erst in seinem wahren Licht. Der Tod wäre für Wesen, deren Essenz Lebenswille ist, eine himmelschreiende Veranstaltung, wenn er der Vernichtung gleichkäme; das irdische Leben, welches fast nur irdisches Unglück ist, wäre für Wesen, deren unüberwindlicher Trieb nach Glück geht, eine perfide Grausamkeit der Natureinrichtung, wenn es nicht einem transzendentalen Zweck diente, dem Wohl unseres eigentlichen Wesens.

Den Leiden wie dem Tode gewinnt also die monistische Seelenlehre eine versöhnliche Seite ab, und sie gibt dem Problem des Todes ein solches Ansehen, wodurch wir bestimmt werden, das Leben zur Vorbereitung auf das Jenseits zu benutzen.[44]) Sie weist uns also auf die richtige Lebensführung hin, sie liefert uns ein Moralprinzip, welches Materialismus und Pantheismus vergeblich suchen. Man hat es der mystischen Weltanschauung zum Vorwurf gemacht, daß der Glaube an das Jenseits uns vom Diesseits zu sehr abziehe und uns untüchtig mache für die irdischen Aufgaben. Diese Gefahr besteht allerdings, wie verschiedene Auswüchse der indischen und christlichen Weltanschauung schon vielfach gezeigt haben. Aber diese Gefahr liegt nur in der falsch verstandenen mystischen Weltanschauung, die in der Welt etwas Nichtsein sollendes sieht, statt etwas Sichentwikkelnsollendes. Dagegen ist es ganz unvermeidlich, daß der Glaube an das bloße Diesseits uns zu einer verkehrten Lebensführung bestimmen muß, daß er uns hindern muß, uns auf das Jenseits vorzubereiten. Der Glaube an das bloße Diesseits macht jedes Moralprinzip unmöglich; er macht die irdische Person zum Feinde des transzendentalen Subjekts; er ist kulturfeindlich und macht die irdische Person zum Feinde der Gesellschaft.

Insofern ist das Problem des Todes auch für die Menschheit im ganzen das wichtigste Problem. Die Art seiner Lösung bestimmt unsere Lebensführung, also auch die Gestaltung unserer sozialen Verhältnisse. Diese würden in der Tat nicht so zerfahren sein, wenn die Menschheit einheitlicher über den Tod dächte, also auch einheitlicher sich auf das Jenseits vorbereiten würde. Ist der Tod nur eine Entseelung des Leibes, dann besteht zu einer solchen Vorbereitung überhaupt kein Anlaß, sondern nur zu jener Weisheit aus Not, die man Resignation nennt. Wenn wir bloß in unseren Werken fortleben, dann steht es schlimm um die meisten Menschen, besonders die Schriftsteller; übrigens könnte dann auch im besten Falle der gute Nachruf nichts Verlockendes für uns haben, weil es ja doch früher oder später hieße:

„Bald weiß keiner mehr zu sagen,
Wer du warst und wie dein Bild,
Das sie welk hinausgetragen
In ein blühendes Gefild."
(Martin Greif)

Ist dagegen der Tod nur eine Entleibung der Seele, so erscheint er nicht mehr als eine Natureinrichtung, von der man nicht zu sagen weiß, ob ihre Absurdität oder ihre Grausamkeit größer ist. Wenn unsere Existenz nicht eingeschlossen ist zwischen Geburt und Tod, sondern — nach Ansicht der alten Seelenlehre—eine Fortsetzung zwar nicht jenseits der Wiege, aber jenseits des Grabes hat, so wäre das zwar ganz schön, aber auch ganz unverständlich; denn eine Seele, die zugleich mit dem Körper begonnen hat, kann nicht unsterblich sein. Eine Ewigkeit kann keinen Anfang haben. Denkbar ist unsere Unsterblichkeit nur dann, wenn die Existenz auch jenseits der Wiege eine Verlängerung hat, also in Verbindung mit Präexistenz. Als Geschenk von außen und erst im Momente des Todes eintretend, kann die Unsterblichkeit wohl geglaubt, aber nicht bewiesen werden; bewiesen wird sie nur, wenn wir sie aus unserer derzeit bereits gegebenen Beschaffenheit ableiten können, also als innerlich in unserer Natur begründet.

Das leistet die alte Seelenlehre nicht, wohl aber die monistische. Uns ist die Unsterblichkeit kein Geschenk von außen, sondern die Fortdauer eines bereits Gegebenen, des transzendentalen Subjekts. Uns ist der Tod Entleibung der Seele, aber einer Seele, die schon vor dem Körper war. Für die alte Seelenlehre ist ferner der Tod doch nur ein großer Sprung in die Finsternis, weil sie über den Zustand nach dem Tode nichts auszusagen und höchstens zu phantasieren weiß. Uns dagegen stehen bezüglich des künftigen Zustandes positive Anhaltspunkte zu Gebot. Unsere transzendentale Psychologie ist die Psychologie des künftigen Lebens. In den Geheimwissenschaften lernen wir Kräfte und Fähigkeiten kennen, die nicht am leiblichen Organismus haften, daher auch nicht von der Auflösung des Leibes betroffen, sondern dabei vielmehr aus der Gebundenheit treten werden. Wenn man ohne materielles Auge sehen kann, wenngleich anders, so bedeutet der Verlust des Auges nicht Blindheit; wenn man ohne Gehirn denken kann, wenngleich anders, so bedeutet der Verlust des Gehirns nicht die Vernichtung des denkenden Wesens. Wenn Kräfte vorhanden sind, welche nicht am Organismus haften, so muß der Träger dieser Kräfte notwendig den Tod überdauern, und seine jenseitige Existenzweise wird dann eben darin bestehen, von diesen Kräften Gebrauch zu machen.

In der alten Seelenlehre ist die Psychologie des Jenseits von unbestimmbarer Qualität, und kein Auge hat gesehen, kein Ohr gehört, wie es im Jenseits aussieht. In der neuen Seelenlehre dagegen hat die Psychologie des Jenseits als positive Merkmale eben das, was wir in der transzendentalen Psychologie des Diesseits erkennen. Also auch das Problem über die Beschaffenheit des künftigen Lebens kann auf Grund von Tatsachen gelöst werden. Daß diese Tatsachen heute noch bestritten werden, ist relativ gleichgültig; denn jedenfalls ist schon durch die bloße Behauptung ihrer Realität die Seelenfrage über das Stadium des bloßen Spekulierens hinausgehoben und zu einer Tatsachenfrage geworden. Reine Spekulationen können in alle Ewigkeit ohne Entscheidung fortgeführt werden; Tatsachenfragen dagegen können nicht lange fraglich bleiben, sondern müssen naturgemäß immer bald eine Entscheidung finden. Wir werden also jedenfalls in Bezug auf das Problem des Todes in dem derzeitigen Schwanken nicht mehr lange verharren. Es wird in Bälde gelöst sein, so oder so.[45])

Daß es im Sinne der Unsterblichkeit gelöst werden wird, ist für den Kenner der Geheimwissenschaften keine Frage. Wer diese Erscheinungen kennt, wird zunächst die Ungereimtheiten der physiologischen Psychologen durchschauen, welche mit ihrer Zunge eben jenes organisierende Prinzip leugnen, welches eben diese Zunge gestaltet hat und in Bewegung setzt. Daß aber sodann jene organisierende Kraft ihr Produkt, den Körper, überlebt, versteht sich aus logischen Gründen von selbst und wird abermals durch die Geheimwissenschaften bewiesen, und zwar im eminentesten Sinne durch den Spiritismus. Dem Philister freilich, weil er nach Brentano nur viereckige Dinge versteht und selbst diese ihm oft noch zu rund sind, wird bei dem bloßen Wort „Geistererscheinung" ganz schwindlig. Aber ist der Mensch denn etwas anderes als eben eine Geistererscheinung, als die Inkarnation eines transzendentalen Subjekts, also die materiellste aller Materialisationen und schon darum die wunderbarste, weil sie viel länger dauert als eine spiritistische? Sind denn so außerordentliche Voraussetzungen nötig, um ein Gespenst für möglich zu halten? Ganz und gar nicht; die einzige nötige Voraussetzung ist vielmehr die, daß die Seele von ihrer organisierenden Kraft—die, wie wir gesehen haben, nicht bloß aus den Geheimwissenschaften beweisbar ist, sondern aus Ästhetik und Technik —nicht nur einmal Gebrauch macht, nämlich bei der irdischen Geburt, und daß sie diese Kraft durch den Tod nicht einbüßt. Das versteht sich aber doch wahrlich von selbst. Der Handwerker, der ein Werkzeug einmal schafft, kann es auch mehrmals schaffen, und wenn eines dieser Werkzeuge vernichtet wird, so kann man daraus doch noch nicht auf den Tod des Handwerkers schließen!

Für den Kenner der Geheimwissenschaften ist die Leugnung der Phänomene so unbegreiflich, daß er wirklich nur Schopenhauer beipflichten kann, welcher den Gegnern derselben vorwirft, sie seien nicht skeptisch, sondern unwissend. Perty schätzt die Literatur der Geheimwissenschaften auf etwa 30000 Bände. Nun läßt sich allerdings nicht leugnen, daß darin sehr viel unkritisches Material enthalten ist, aber auch nicht, daß diese Literatur beständig kritischer wird. Man lese doch z. B. die „Phantasms of the Living" von Gurney, Myers und Podmore oder die noch jüngeren „Annales des sciences psychiques." Darin wird man schon genug sehr kritisches Material finden, welches auf den Unsterblichkeitsbeweis hinzielt. Wer aber den entscheidenden Beweis haben will, den aus Geistererscheinungen, der lese Crookes oder Aksakow[46]) oder suche selber ein Medium auf. Aber die Gegner schauen nicht dorthin, wohin man sie verweist, nur um fortgesetzt behaupten zu können, es sei dort nichts zu sehen; sie schließen fest die Augen— und leugnen dann die Sonne. Die Anzahl der Gelehrten von der offiziellen Wissenschaft, die sich entschließen konnten, den anrüchigen Spiritismus zu untersuchen, ist beschämend gering. Oft waren sie auch nur von der Absicht geleitet, den vermeintlichen Schwindel zu entlarven; aber noch jedesmal ist aus dem Saulus ein Paulus geworden. So haben Crookes und Wallace, unberührt von jener chronischen Geisteskrankheit, dem apriorischen Vorurteil, den Spiritismus untersucht und wurden bekehrt. So haben die Professoren Zöllner, Fechner, Weber und Scheibner spiritistische Experimente angestellt und wurden ebenfalls bekehrt. So haben in jüngster Zeit erst die Professoren Lombroso, Tamburini, Ascensi, Gigli und Vigioli den Gedanken gewagt, daß die Natur doch vielleicht reicher an Tatsachen sein könnte, als Gelehrte es wissen, haben spiritistische Sitzungen gehalten und haben wenigstens die Tatsachen anerkannt. In dem darüber aufgesetzten und unterzeichneten Protokoll vom 25. Juni 1891 sagt Professor Lombroso: „Ich schäme mich sehr und bedauere, die Möglichkeit der sogenannten spiritistischen Tatsachen so hartnäckig bekämpft zu haben: ich sage der Tatsachen, denn mit der Theorie selbst stimme ich noch nicht überein. Aber die Tatsachen existieren nun einmal, und ich rühme mich, Sklave der Tatsachen zu sein." Leider hat diese Bekehrungsgeschichte der Sache nur teilweise Vorteil gebracht, weil zwei große Fehler gemacht wurden. Es war ein Fehler, daß mit dem schnell berühmt gewordenen Medium Lombrosos Dunkelsitzungen von Laien angestellt wurden, wobei denn alsbald die bekannte „Entlarvung" sich einstellte. Dunkelsitzungen sind nun ohne Zweifel die reichhaltigsten; aber in einer Zeit, in welcher geleugnet wird, was

am hellen Tage geschieht, ist es doch wahrlich inopportun, Zweifler durch Berichte über Dunkelsitzungen bekehren zu wollen. Ein zweiter Fehler war, daß Lombroso, kaum daß er Schüler geworden, schon Lehrer sein wollte und mit einer Theorie auftrat.[47]) Es gibt nun aber überhaupt keine Wissenschaft, in der man innerhalb weniger Stunden zur Klarheit kommen könnte, und am wenigsten ist es der Fall in der schwierigsten aller Wissenschaften, im Spiritismus. Vor der offenen und ehrlichen Revokation Lombrosos muß man alle Hochachtung haben; wenn er aber schon jetzt die Theorie der Spiritisten bekämpft, so sollte er doch bedenken, daß diese Theorie von Leuten kommt, die eine vieljährige Untersuchung vor ihm voraushaben.[48])
Am Fortgang des Spiritismus wird dadurch freilich nichts geändert werden, und die Seelenfrage wird gerade aus diesem Teil der Geheimwissenschaften den größten Nutzen ziehen, weil er nicht nur das Jenseits beweist, sondern sogar, wenn auch nur wie durch einen Schleier hindurch, Einblicke in dasselbe gestattet, die alsdann auf ihre Übereinstimmung geprüft werden können mit jenen Einsichten, die wir aus dem Somnambulismus gewinnen.
Der alten Seelenlehre klebt der Nachteil an, daß sie bestenfalls nur für das Ob der Unsterblichkeit ausreicht, das Wie aber unbestimmt läßt. Die Seelenlehre muß aber beide Fragen zugleich lösen, und sie kann es. Wenn sie Kräfte im Menschen aufweist, welche nicht leiblich bedingt sind, so sind es eben diese Kräfte, welche die Qualität des künftigen Daseins bestimmen; denn dieses künftige Dasein ist — man muß das immer wiederholen — identisch mit der Präexistenz und mit unserem un-

bewußten Dasein zu Lebzeiten. Jene Kräfte kommen aber in den verschiedenen ekstatischen Zuständen keineswegs zur ungehemmten Entfaltung, wir müssen sie also entsprechend gesteigert denken, um einigermaßen klare Vorstellungen über das künftige Leben zu gewinnen. Den besten Aufschluß werden wir erhalten können von den Ekstatischen selbst während ihres Zustandes. Zu diesen Anhaltspunkten kommen nun aber noch jene, die der Spiritismus bietet, und wir können dann die Kreuzprobe anstellen, ob die Fähigkeiten der Spirits übereinstimmen mit jenen der Somnambulen. So nämlich muß es sein, wenn unser unbewußtes Leben zu Lebzeiten identisch sein sollte mit dem künftigen, wenn der Somnambulismus die teilweise, der Spiritismus die gänzliche Entleibung der Seele enthält.

Daß die transzendentale Psychologie in der Tat die des künftigen Lebens ist, wird bewiesen:

1. durch die Aussagen der Ekstatiker selbst,
2. durch die Analogien zwischen Somnambulismus und Spiritismus.

Die Somnambulen vergleichen ihren vorübergehenden Zustand mit dem nach dem Tode. So die Somnambule Auguste K. und die Seherin von Prevorst.[49]) Es besteht auch durchaus keine Schwierigkeit, sich den Somnambulismus als permanenten Zustand zu denken. Es gibt genug Beispiele, wo derselbe Wochen und Monate anhielt und wobei die Somnambulen, weil sie auch noch die Geschäfte des Tages verrichteten, ein normales Ansehen zeigten. Die Somnambulen stellen ihren Zustand über den des Wachens; sie betrachten ihn als den realeren und sprechen von ihrer irdischen

Person mit Geringschätzung. Muratori berichtet von einem Mädchen, das nach einem heftigen Fieber scheintot dalag, so daß man schon das Leichenbegängnis bedachte, bis sie einen Seufzer ausstieß, worauf man sie wieder zu sich brachte. Sie brach aber dann in Klagen aus, daß man sie einem Zustand von unaussprechlicher Ruhe und Seligkeit entrissen habe. Keine Freude ihres Lebens komme der von ihr erfahrenen im geringsten gleich. Sie habe das Jammern ihrer Eltern und die Unterredungen bezüglich der Beerdigung gehört, aber ihre Ruhe sei dadurch nicht gestört worden: auf Erhaltung ihres Lebens sei sie nicht mehr bedacht gewesen. Oft äußern die Somnambulen Betrübnis über das bevorstehende Erwachen. „Wie sollte ich nicht traurig sein"—sagt eine solche—„da ich das Kleid, den schweren Körper, wieder anziehen muß." Manche wollen ihre Autodiagnose nicht vornehmen, weil sie keinen Wert auf ihre Heilung legen; der Tod erschreckt sie nicht, sie wissen, daß sie glücklich sein werden, wenn sie den Körper verlassen.
Die ekstatischen Zustände zeigen eben vor dem leiblichen einen doppelten Vorteil: die Unterdrückung der leiblichen Beschwerden und Hemmnisse und die intellektuelle Steigerung. Die sinnliche Erkenntnis hat ihre Schranken; sie läßt uns die Dinge nur nach ihrer Äußerlichkeit erkennen. Die Somnambulen dagegen werden von der inneren Substanz der Dinge affiziert; sie erfahren von leblosen Dingen Eindrücke, die im Wachen gar nicht, oder nur als Idiosynkrasien zum Bewußtsein kommen. Pflanzen und Medikamente, sogar homöopathische, werden von ihnen in Bezug auf ihre Zuträglichkeit oder Schädlichkeit für den Organis-

mus geprüft.[50]) Die unklaren Sympathien und Antipathien, von welchen wir im Umgang mit Menschen geleitet werden, sind bei Somnambulen ausgesprochener und klarer; es ist die innere moralische Substanz der Menschen, wovon sie affiziert werden.

Mehr oder minder vollkommen zeigt sich bei ihnen das Gedankenlesen, welches demnach, nach der Entleibung gesteigert, als die Sprache der Geister sich ergibt. Ebenso können wir die Psychometrie auf das künftige Leben übertragen, jene merkwürdige Eigenschaft sensitiver Personen, welche sogar im Wachen von leblosen Gegenständen anschauliche Bilder aus deren Vergangenheit empfangen. Das Gleiche gilt vom Fernsehen und Fernwirken. Telepathien und Telenergien jeder Art, die schon im Wachen ausnahmsweise vorkommen, werden im leibfreien Zustand über den somnambulen Grad hinaus gesteigert sein.

Ohne eine intellektuelle Gleichartigkeit aller transzendentalen Subjekte anzunehmen — welche sicherlich nicht und auch nicht in moralischer Hinsicht existiert —, werden wir doch die Intuition, die in der genialen Produktion an Stelle der Reflexion tritt, als eine transzendentale Fähigkeit und als die Form des jenseitigen Denkens beanspruchen. Auch die organisierende Fähigkeit der Seelen müssen wir uns künftig gesteigert denken, und werden auch ein Objekt derselben, einen irgendwie beschaffenen Leib der Seele, voraussetzen müssen, die also im Tode nur den grobmateriellen Leib ablegt. Von einem reingeistigen Zustand im Jenseits, von einem Denken als Substanz statt bloßem Attribut, können wir uns keinen Be-

griff bilden; wir werden uns also den künftigen Zustand nicht völlig körperlos denken. „Es ist eine Hoffart," sagt Baader, „ohne Leib sein zu wollen."[51]) Nun sehen wir zwar im Wachen die physiologischen Funktionen dem Bewußtsein und der Willkür entrückt, aber im Somnambulismus zeigen sie sich teilweise von transzendentalem Bewußtsein begleitet, und im Hypnotismus teilweise der Willkür unterworfen, indem Autosuggestionen organische Veränderungen hervorrufen können, eine Entdeckung, welche Kant vor Braid gemacht hat.[52]) Wir werden uns also—immer die Steigerung voraussetzend—den künftigen Leib frei von den Mängeln des irdischen denken und die psychische Kurmethode, die bei uns kaum erst in ihren Anfängen gegeben ist, werden wir als eine Fähigkeit des künftigen Daseins anerkennen müssen.[53])
Wir begegnen dem Leibe des künftigen Lebens, dem Astralleib, schon innerhalb der irdischen Erfahrung und nennen ihn alsdann Doppelgänger. Dieses Phänomen entzieht den Streit über das organisierende Prinzip allen physiologischen und biologischen Einwürfen. Wir begegnen ferner derselben organisierenden Kraft, von Verstorbenen ausgehend, in den spiritistischen Materialisationen, und endlich in der irdischen Geburt selbst, der merkwürdigsten Materialisation. Unsere eigene Geburt ist also eine spiritistische Tatsache, und wir leugnen noch den Spiritismus![54])
Man hat den Astralleib häufig auch Ätherleib genannt, und vielleicht haben wir in der Tat ein Recht, ihn im ganz eigentlichen naturwissenschaftlichen Sinne so zu nennen.[55]) Wenn die Materie des Doppelgängers und der Materialisationen ver-

dichteter Äther wäre, so würden dieser und die Gespenster eben jene Fähigkeiten besitzen, die sich aus der physischen Natur des Äthers ergeben: die Geschwindigkeit im Raum, die Durchdringung der Materie, die Aufhebung der Schwerkraft. Fernsehen und Fernwirken könnten so geradezu eine naturwissenschaftliche Erklärung erhalten. Bei spiritistischen Sitzungen begegnen wir Phänomenen, aus welchen auf eine ätherische Natur der sich manifestierenden Wesen und Verwendung von Ätherbewegungen zu ihren Kundgebungen sich schließen läßt; aber auch beim Fernwirken der Somnambulen, besonders wenn dadurch materielle Veränderungen eintreten, kann von ätherischer Bewegung nicht wohl abgesehen werden.

Es bestehen also Analogien zwischen den Fähigkeiten der Somnambulen und der Entkörperten, und dieses läßt auf die wesentliche Identität und nur graduelle Verschiedenheit beider Daseinsweisen schließen. Diese Analogien erstrecken sich auf die materielle Wirkungsweise und auf intellektuelle Fähigkeiten. Dem Gedankenlesen, dem Fernsehen in Zeit und Raum, begegnen wir auf beiden Gebieten, Somnambulismus und Spiritismus. Und wie manche Fälle somnambulen Fernwirkens nicht wohl als ätherisches Fernwirken erklärlich sind, sondern nur durch das Eingreifen des Doppelgängers, wenn er auch nicht bis zur Sichtbarkeit verdichtet ist, so ist auch bei manchen spiritistischen Vorgängen eine leibliche, wenn auch unsichtbare Gestaltung der sich manifestierenden Kraft nicht leicht abzuweisen, z. B. bei direkten Schriften. Wie aber der Doppelgänger einen Dichtigkeitsgrad erreichen kann, der ihn sichtbar werden läßt, so auch Mate-

rialisationen, die denn auch bekanntlich schon photographiert und auf Gewicht, wie Puls- und Herzschlag geprüft werden konnten.[56])
Um nur kurz noch weitere Analogien zwischen Somnambulismus und Spiritismus anzuführen, so können sogenannte Spukwirkungen sowohl von Lebenden als Verstorbenen ausgehen; durch Medien können sich Verstorbene, aber auch Lebende[57]) — die gleichzeitig in tiefem Schlaf liegen — manifestieren; medizinische Ratschläge gehen von Somnambulen, wie Medien, aus. Überhaupt ist ja der Somnambulismus nur ein Spezialfall von Mediumität, sie verhalten sich zu einander wie Autosuggestion und Fremdsuggestion. Der Somnambule steht unter dem Einfluß seines eigenen Spirit, das Medium unter dem eines fremden Spirit.[58])
Alle diese Analogien zwischen Somnambulismus und Spiritismus nötigen uns zu der Folgerung, daß wir nach dem Tode eben das sein werden, was wir zu Lebzeiten bereits unbewußterweise sind. Wir sind schon zu Lebzeiten Geister, und der Zustand nach dem Tode ist permanent und normal gewordener Somnambulismus gesteigerter Art.
In solcher Weise löst also die monistische Seelenlehre, auf den Tatsachen der Geheimwissenschaften aufgebaut, das Ob der Unsterblichkeit zugleich mit dem Wie. Je mehr wir diese Gebiete erforschen, desto klarer erkennen wir, daß der Tod nicht die Vernichtung der Individualität bedeutet, noch deren Auflösung in die Weltsubstanz, sondern daß wir mit gesteigerter Individualität fortdauern, daß also die sogenannten Toten viel lebendiger sind als wir. Im Vergleich mit der transzendentalen Realität der künftigen Existenz bezeichnet Giordano

Bruno — eben weil er die Geheimwissenschaften kannte — das irdische Leben als eine Schmälerung der Individualität: „Was wir sterben heißen, ist die Geburt zu einem neuen Leben — und oft wäre gegen jenes zukünftige Leben wohl das jetzige Tod zu nennen."

Die Pythagoräer nannten den Tod ein Geburtsfest — γενεσία — des Geistes. In den Martyrologien heißt der Todestag dies natalis, und Angelus Silesius nennt den Tod „das beste von allen Dingen."

Als in der Erfahrung gegeben kennen wir nur die Annäherungszustände an den künftigen Zustand bei den Somnambulen und, dem Wesen nach damit identisch, den Zustand der Entkörperten, soweit dieselben in das irdische Element zurücktauchen können, was ohne Einbuße an Geisterhaftigkeit nicht möglich ist. Trotzdem läßt sich auch aus den spiritistischen Phänomenen der Tod als eine Steigerung der Individualität erkennen, und da sich dabei der jenseitige Zustand in gewissem Sinne als ein leiblicher verrät, so kann der Tod als eine Essentifikation unseres ganzen Wesens, des Bewußtseins sowohl wie der Leiblichkeit, angesehen werden.

Bei dem Widerstande, den die Unsterblichkeitslehre findet, sollte man meinen, sie sei ganz und gar undenkbar und nur Gegenstand des Glaubens. Zerlegen wir sie aber in ihre Bestandteile, so ergeben sich zwei Fragen, welche beide bejaht werden müssen:

1. Kann ein lebendes Wesen unter Wechsel der Form fortdauern? Das ist unleugbar und zeigt sich sogar innerhalb der irdischen Existenz in der wohlbekannten Entwicklung des Schmetterlings aus der Raupe.

2. Kann ein lebendes Wesen seine Bewußtseinsform verlieren und mit einem bis dahin latent gewesenen Bewußtsein fortdauern? Auch das ist nicht zu leugnen. In der Abwechslung von Wachen und Schlafen haben wir den Wechsel des Bewußtseins und den zwischen animalischen und vitalen Funktionen. Ausgesprochener noch zeigt sich der Dualismus des Bewußtseins im Hypnotismus und Somnambulismus.[59])

Die Unsterblichkeit ist also physiologisch und psychologisch möglich. Dazu kommt noch ihre logische Gewißheit aus der Erkenntnis, daß wir das Produkt einer organisierenden Kraft sind, und ihre empirische Gewißheit, die der Spiritismus liefert. Wer aber diesen leugnet, hat eben noch Einiges zu lernen.

Allerdings hat die alte Seelenlehre es selber verschuldet, daß sie ihre Anhänger immer mehr verlor. So, wie sie dargestellt wurde, konnte sie sich der fortschreitenden Wissenschaft gegenüber nicht halten. Die Lösung des Problems war falsch, weil schon die Frage unrichtig gestellt war. Wenn man nämlich fragt: Wo ist das Jenseits?, dann könnte der Zweifler die Frage selbst für überflüssig erklären und sagen, die modern Astronomie habe den Himmel gestrichen. Wenn man fragt: Was wird aus uns nach dem Tode?, dann könnte der Aufgeklärte einwerfen, es sei überhaupt nicht denkbar, wie ein sterbliches Geschöpf in einem gegebenen Momente unsterblich werden sollte. Wenn man fragt: Wie kommen wir ins Jenseits?, so kann eine irgendwie befriedigende Antwort nicht gegeben werden. Kurz, wenn man die Unsterblichkeit als

Erwerbung eines neuen Daseins und Versetzung an einen neuen Ort auffaßt, kann sie nicht bewiesen werden; wohl aber ist sie beweisbar als Fortdauer eines unbewußt bereits gegebenen Zustandes am gleichen Ort. Daß wir im Tode Geister werden, kann wohl gezungt werden, aber nicht gehirnt; wohl aber ist es denkbar und durch den Somnambulismus beweisbar, daß wir schon jetzt Geister sind und daß diese unsere Wesenshälfte vom Tode nicht betroffen wird.[60]) Das Jenseits ist nicht ein anderer Ort, wohin wir auf ganz unbegreifliche Weise im Tode versetzt würden, um dort unter ganz neuen Lebensbedingungen weiter zu leben; es ist nicht räumlich geschieden vom Diesseits, sondern ein bloßes Jenseits des Bewußtseins. Das Jenseits ist das anders angeschaute Diesseits. Wer nun aber in einem solchen Jenseits einen schlechten Ersatz für den religiösen Himmel sehen wollte, möge zunächst bedenken, daß nicht die Qualität eines Ortes darüber entscheidet, ob er ein Himmel oder eine Hölle ist, sondern die Qualität und das Verhältnis unserer Organisation zum Ort. Das Diesseits und Jenseits, wiewohl sie objektiv zusammenfallen, können doch subjektiv für die respektiven Bewohner himmelweit verschieden sein, ja vielleicht nicht die mindeste Ähnlichkeit miteinander haben. Der Übergang vom diesseitigen Erkenntnismodus zum jenseitigen allein schon kommt faktisch einer Versetzung in eine andere Welt gleich, weil keine Ähnlichkeit besteht zwischen den Eindrücken, welche diesseitige und jenseitige Wesen aus der gleichen Welt beziehen. Aber auch der Wirkungsmodus, also die ganze Existenzweise der beiderseitigen Bewohner ist gänzlich verschieden. Wenn auch nur jene Übel, welche mit unserer grobmateriellen Körperlichkeit gegeben sind, aus unserer irdischen Existenz plötzlich gestrichen würden, so würden wir uns wie im Himmel vorkommen. Mindestens dieses zukünftigen Himmels also sind wir sicher, auch wenn keine Versetzung nach einem anderen Ort eintritt. Bedenken wir zudem, daß unsere irdischen Sinne weit mehr Schranken als Organe der Erkenntnis sind, so muß mit der Beseitigung dieser Schranken ein beträchtlicher Zuwachs an Erkenntnis eintreten, wie denn schon der Somnambulismus erkennen läßt, daß die jenseitigen Wesen in einem erweiterten und viel freieren Verhältnis zur Natur stehen als wir, welches noch gesteigert wird durch die den ätherischen Wesen zukommende Art der Ortsbewegung. Kurz, diese unsere Erde, schon so oft als Jammertal und Ort der Buße bezeichnet, könnte doch für Wesen von anderer Existenzweise ein Ort der Seligkeit sein.[61])

Wie nun zweierlei Wesen in so verschiedenen Verhältnissen zu einer und derselben Welt stehen können, daß sie voneinander und ihren respektiven Welten nichts wissen, so kann auch ein und dasselbe Wesen gleichzeitig in zweierlei Verhältnissen zur Welt stehen, deren Verschiedenheit so beträchtlich sein kann, daß für die eine Wesenshälfte die andere unbewußt ist. Und das eben ist der Fall beim irdischen Menschen, der unbewußt bereits im Jenseits lebt und, da der Tod nur die diesseitige Wesenshälfte betrifft, darin auch bleibt.

So lange man die Seele ins Bewußtsein verlegt, welches doch unbestreitbar körperlich bedingt ist, konnte man ihre Unsterblichkeit nicht beweisen,

und der Tod mußte als das und bloß als das erscheinen, was er auf der einen Seite allerdings ist, eine bloße Beraubung, eine Entseelung des Leibes. Erkennt man aber, daß die Seele jenseits des Bewußtseins ist, daß wir schon jetzt im Jenseits stehen, daß unser sinnliches Bewußtsein eine Schranke der Erkenntnis ist, jenseits welcher die übersinnliche Welt und in ihr unser übersinnliches Wesen liegen, dann gewinnt der Tod auch eine positive Seite, er wird dann zur Entleibung der Seele.[62])
Wie man sieht, ist die Streitfrage der Unsterblichkeit nur darum nicht zum Austrag gekommen, weil sie sich um ein falsches Objekt drehte: um den irdischen Menschen, um den Gegenstand unseres sinnlichen Bewußtseins. Dabei mußte der Materialismus Sieger bleiben. Wird dagegen die Unsterblichkeit eingeschränkt auf das transzendentale Subjekt, so muß der Materialismus unterliegen; denn die Anerkennung dieses Subjekts auch von seiner Seite ist nur eine Frage der Zeit, weil Tatsachen nicht in alle Ewigkeit geleugnet werden können. Die alte Seelenlehre der Religionen hat so gut wie der Materialismus das transzendentale Subjekt übersehen, und doch hätte sie sich dafür sogar auf die Bibel berufen können. Dort kommt nämlich die Erschaffung des Menschen zweimal vor. Zuerst heißt es: „Und Gott schuf den Menschen ihm zum Bilde; zum Bilde Gottes schuf er ihn" (1. Mose 1, 27). Dann wieder gegen Erwarten heißt es: „Und Gott der Herr machte den Menschen aus einem Erdenkloß und er blies ihm ein den lebendigen Odem in seine Nase. Und also ward der Mensch eine lebendige Seele" (1. Mose 2,7). Das könnte man ungezwungen zuerst auf den Beginn

des transzendentalen und dann des irdischen Daseins beziehen.[63])

Hypnotismus und Somnambulismus beweisen, daß in unserem Unbewußten Kräfte und Fähigkeiten liegen, von deren Gebrauch, ja Existenz unser sinnliches Bewußtsein nichts weiß, weil unser Bewußtsein ein körperliches ist, jene Kräfte aber nicht am Körper haften. Wenn der Somnambule erwacht, d. h. zum körperlichen Bewußtsein kommt, so ist er erinnerungslos, und darin zeigt sich, daß sein Bewußtsein eben nicht körperlich war. Damit ist bewiesen, daß unser Selbstbewußtsein nicht unser ganzes Wesen umfaßt. Der Spiritismus ferner beweist, daß jene transzendentalen Kräfte und Fähigkeiten des Unbewußten die Kräfte der künftigen Welt sind, was vorweg zu erwarten war. Sie sind uns unbewußt; das kann aber unmöglich so verstanden werden, als wären diese Kräfte nur im Zustand der bloßen Spannung und Funktionslosigkeit vorhanden. Sie müssen vielmehr in einem ganzen System von Kräften gerade so eingegliedert sein, wie die Kräfte unserer irdischen Person, deren wir uns bewußt sind, in die sichtbare Welt eingegliedert sind. Jenes Kräftesystem nun, dem wir unbewußterweise angehören, ist das Reich der Geister. In diesem Geisterreich werden wir uns selbstverständlich nach dem Tode bewußt finden, weil wir schon jetzt darin sind; wir werden uns der Kräfte der künftigen Welt teilhaftig finden, weil wir sie schon jetzt besitzen. Das Jenseits ist also kein anderer Ort, sondern nur ein Jenseits des Bewußtseins; und weil sich unser Bewußtsein zusammensetzt aus den Eindrücken, deren Reizstärke groß genug ist, um empfunden zu werden, kann man auch sagen, das

Jenseits sei ein bloßes Jenseits der Empfindungsschwelle.[64])

Nur wenn der Mensch gleichzeitig im Diesseits und Jenseits lebt, ist es begreiflich, daß jene Kräfte, vermöge welcher wir schon jetzt unbewußterweise Geister sind, ausnahmsweise über die Empfindungsschwelle gehoben werden und in die Erfahrung treten, wie z. B. das Fernsehen und Fernwirken der Somnambulen; nur so ist es ferner begreiflich, daß sich jene Kräfte dem Wesen nach als identisch mit jenen zeigen, die wir im Spiritismus als die Kräfte der entleibten Seele kennen lernen. Daraus geht für die Spiritisten die Lehre hervor, daß sie den Menschen nur halb verstehen, wenn sie—was leider meistens der Fall ist -- den Somnambulismus nicht studieren; und für die Materialisten geht daraus die Lehre hervor, daß sie, weil sie weder Spiritismus, noch Somnambulismus studieren, den Menschen überhaupt nicht verstehen.[65])

Im großen und ganzen läßt sich also sagen, daß die Lösung des Menschenrätsels durch den Materialismus sehr trostlos ist, die der transzendentalen Psychologie viel trostreicher. Um uns für diese Trostlosigkeit zu entschädigen, akzentuiert der Materialismus das Leben der Gattung. Nicht um das Individuum sei es der Natur zu tun, sondern um die Gattung. Im beständigen Fortschritt soll die Menschheit einem Zustand entgegengehen, der schließlich bis zum goldenen Zeitalter gesteigert gedacht werden kann. In dieser Entwicklungsgeschichte des Menschengeschlechtes als dienendes Glied mitzuwirken, sei die Aufgabe des Einzelnen.[66])

Dieser Trost hält aber leider nicht lange vor; denn abgesehen davon, daß auch Gattungen aussterben, ist es überhaupt eine Willkür, auf dem biologischen Standpunkt der Betrachtung stehen zu bleiben. Als Naturforscher muß der Materialist den höheren, astronomischen Standpunkt einnehmen: Es wird ein Zeitpunkt eintreten, da die Erde durch die Abwärtsbewegung der Isothermen von den Polen zum Äquator schließlich unbewohnbar sein wird, später aber wird die Erde in einen Meteoritenstrom zerfallen und in die Sonne stürzen. Mag also die Menschheit selbst ein goldenes Zeitalter erreichen, so fehlt ihr doch ein Erbe. Was überhaupt einmal ein definitives Ende nehmen kann, ist jedenfalls zwecklos. Materialistisch betrachtet macht der Individualtod das vorangegangene Leben ebenso zwecklos, wie durch das Aussterben der Menschheit die vorangegangene Kulturgeschichte zwecklos wird. Man kann in keinen Punkt der Entwicklung einen Zweck legen, wenn man in den Endpunkt keinen Endzweck legen kann.

Zwar hebt, astronomisch betrachtet, das Spiel immer wieder von neuem an, indem Sonnensysteme in kosmische Nebel sich auflösen und aus diesen wieder Sonnensysteme werden. Aber das Resultat der biologischen und geschichtlichen Prozesse geht ja doch immer verloren. Eine Zwecklosigkeit wird nicht dadurch vernünftig, daß sie ewig erneuert wird. Es fehlt also jeder Anlaß, sich für die Geschichte der Gattungen zu enthusiasmieren, deren Realität zudem über die der Individuen nicht hinausgeht. Ein Künstler, der sein Werk immer wieder zerstört, braucht nicht angestaunt zu werden, sondern gehört ins Narrenhaus, und zwar um so mehr, je genialer seine Werke sind. Es ist also eine bloße Phrase, wenn der Materialismus uns für die

Großartigkeit der Natur zu begeistern sucht; seinen eigenen Prämissen nach muß er sie vielmehr als eine materialisierte Absurdität bezeichnen.

Ganz anders von unserem Standpunkt aus. Die einzige Tatsache der Unsterblichkeit, in die Weltformel eingeführt, verwandelt die Welt aus einer Absurdität in eine großartig angelegte Veranstaltung. Zunächst nämlich gilt von der ganzen Welt, was von uns selbst. Wie wir die Materialisierung eines übersinnlichen Wesens sind, so ist die ganze sichtbare Welt die Materialisierung einer übersinnlichen Welt, und zwar führt auch die Welt, gleich uns selbst, gleichzeitig beide Daseinsweisen. Wir treffen also mit unserem Urteil über die sichtbare Welt nicht die ganze Welt, und wenn uns dieses Urteil selbst zu Pessimisten machen würde, so könnte es doch nur unter dem Vorbehalt ausgesprochen werden, daß die Einseitigkeit unseres Standpunktes vermutlich ein einseitiges Urteil ergeben muß, welches wesentlich anders ausfallen könnte, wenn uns ein Überblick über beide Welthälften vergönnt wäre.

Nun zwingt uns aber die sichtbare Welt, selbst einseitig betrachtet, noch keineswegs das Bekenntnis des Pessimismus ab. Zwar besteht der ewige Kreislauf der Welten, und in der ganzen Natur nimmt jeder biologische und geschichtliche Prozeß früher oder später ein Ende; aber nur für den Materialisten ist das eine ewig sich wiederholende Absurdität, nur der pessimistische Pantheist muß darin wenigstens eine vorübergehende, mit dem Selbstmord Gottes endende Absurdität erkennen. Uns aber, indem wir nur wieder die Unsterblichkeit in diesen Kreislauf der Welten einführen, wird der scheinbare Selbstzweck der Natur ein bloßes Mittel zum Zweck. Der Kreislauf betrifft nur den äusseren Naturschauplatz und er ist nicht Selbstzweck, sondern daraufhin angelegt, Leben in ewiger Abwechslung zu erzeugen; aber dieses ewig sich wiederholende Abreißen der biologischen Entwicklungen betrifft wieder nur die materielle Lebenshälfte; der Akzent aber liegt auf der übersinnlichen Lebenshälfte der Einzelindividuen, und nur um diese, um die beständige Steigerung der Gestalten und ihres Bewußtseins innerhalb der sichtbaren Welt ist es der Natur zu tun, und darum, daß der Mühe Lohn für die Einzelindividuen der unsichtbaren Welt nicht verloren geht.[67]) Das ist nun aber auch der Fall. Der Erwerb unseres Lebens bleibt uns aufbewahrt. Er verschwindet nur optisch für uns, indem sein Niederschlag dem Unbewußten überliefert wird. Wenn wir uns eine mechanische Fertigkeit aneignen, so beginnen wir mit bewußten langsamen und ungeschickten Bewegungen, die sich allmählich in unbewußte schnelle und geschickte Bewegungen verwandeln; ebenso kondensieren sich die bewußten Gedanken zu unbewußten Talenten, die moralischen Handlungen verdichten sich zu moralischen Anlagen, während die Enthaltung von unmoralischen Handlungen die Verkümmerung der unmoralischen Anlagen nach sich zieht. Den Erben unserer Mühen und des Resultates unserer Leiden tragen wir also in uns selbst. Wir vererben die Anlagen sogar nach zweierlei Richtungen; auf uns selbst, soweit wir der unsichtbaren Welt angehören, d. h. auf das transzendentale Subjekt; auf unsere Nachkommen in der sichtbaren Welt, auf die sich unsere Anlagen übertragen, so daß in der Aufeinanderfolge der Generationen die Einzelnen ein immer geeigneteres Medium vorfinden, sich im Sinne der Kultur weiter zu entwikkeln, was dann wiederum deren transzendentaler Natur zum Vorteil gereicht und die Kulturgeschichte zu einem sekundären Zweck herabsetzt.[68])

Das Leben hat also einen individuellen Zweck, aber er ist transzendental. Der Zweck ist da, weil der Erbe da ist. Zweckvoll ist auch die Kulturgeschichte der Menschheit, aber in letzter Instanz wieder nur für die transzendentale Natur der Einzelnen. Der Zweck liegt ferner nicht etwa bloß im biologischen und geschichtlichen Endstück der irdischen Entwicklung, sondern er erfüllt sich auf der ganzen Linie des Prozesses. Mögen auch die geschichtlichen Kulturwellen sich immer wieder glätten und in räumlicher Verlegung neue Wellen ansteigen; mögen auch die Planeten zu Grunde gehen und die Sonnensysteme verschwinden, so ist doch das Resultat der Entwicklung nicht verloren; der transzendentale Zweck hat sich von Anfang bis zum Ende erfüllt, und mit dem Ende ist auch der Endzweck erreicht. Der ewige Wechsel in der sichtbaren Welt hat ein dauerndes Resultat für die unsichtbare. Auch in der unsichtbaren Welt und für unser unsichtbares Wesen findet also Entwicklung statt, weil die Resultate unseres sichtbaren Lebens aufgesaugt werden.

Wenn nun aber die Arbeit unseres Lebens nach zweierlei Richtungen vererbt wird, auf das transzendentale Subjekt und auf unsere irdischen Nachkommen, so ließe sich fragen, ob die irdische und die transzendentale Entwicklung immer nur wie Mittel zum Zweck sich verhalten sollen, oder ob

sie vielleicht bestimmt sind, vereinigt zu werden. Einerseits ist nämlich unser Unbewußtes und was von den Erwerbungen des Lebens zum Unbewußten hinzugeschlagen wird, bewußter Besitz unserer Seele. Andererseits ist dieses Unbewußte die Quelle, aus welcher der biologische Prozeß schöpft, indem die in der biologischen Steigerung der Gestalten erworbenen Fähigkeiten der organisierenden Seele aufbewahrt werden und in den biologischen Prozeß hineinstrahlend immer höhere Gestalten hervorbringen. Das Unbewußte ist endlich auch die Quelle des geschichtlichen Prozesses, indem die intellektuellen und moralischen Anlagen erhalten bleiben und die Kulturgeschichte steigern. Das Endziel dieses Prozesses würde also sein, daß der Besitz der Seele immer mehr in deren irdische Erscheinungsform überfließen würde, und wäre es selbst auf dem Wege der Reinkarnation; daß also die Erde schließlich ein Geschöpf hervorbrächte, in welchem der Besitz des transzendentalen Subjekts ohne Rest vereinigt wäre mit dem Besitz seiner irdischen Erscheinungsform und alles Unbewußte dem Bewußtsein einverleibt wäre. Ein solches Wesen würde demnach unsere beiden Naturen, die heute noch durch die Empfindungsschwelle getrennt sind, in sich vereinigen.
Daß unsere transzendentalen Kräfte uns unbewußt sind, ist ein klarer Beweis, daß sie mit der Körperlichkeit nichts zu tun haben—denn unser Bewußtsein umfaßt nur die Körperlichkeit — und daß sie vom Tode nicht betroffen werden, denn auch der Tod umfaßt nur die Körperlichkeit. Jenes hypothetische Zukunftswesen nun, das vielleicht auf der Erde erscheinen wird und im normalen bewußten

Besitzs unerer derzeit noch transzendentalen Fähigkeiten wäre, würde nicht mehr nötig haben, durch Geburt und Tod hindurchzugehen; es hätte den Tod überwunden, indem die Seele als organisierendes Prinzip mit der Leiblichkeit vereinigt wäre und ihr nicht mehr wie ihrem bloßen Produkt gegenüberstände. Nur dürfen wir dabei nicht an die Leiblichkeit des derzeitigen Menschen denken, sondern an jene Lebensform, bis zu welcher alsdann der biologische Prozeß sich hinaufgesteigert haben wird. In einem solchen Wesen wäre das Körperliche mit dem Geistigen vereinigt, weil das Körperliche sich immer mehr ins Geistige erhoben hätte und das Geistige immer mehr ins Körperliche übergeflossen wäre. Die Gleichzeitigkeit der beiden Daseinsweisen würde einer Verschmelzung derselben Platz machen. Die Idee der verklärten Leiblichkeit, d. h. der Vereinigung des vorwiegend materiellen mit dem vorwiegend geistigen Dasein ist ein Gedanke Schellings — und unter Nichtberücksichtigung der schon derzeitigen Gleichzeitigkeit spricht er von einer Sukzession d r e i e r Zustände am Schlusse (der Separatausgabe) des Gespräches „Clara"[69]) und in seiner „Philosophie der Offenbarung"; aber er erwartet diese Vereinigung, die er der christlichen Lehre von der „Auferstehung des Fleisches" gleichsetzt, von einer „Krisis", während sie in der Tat seit dem Auftreten des Lebens sich vorbereitet durch die ebenso langsame wie beständige Verlegung der Empfindungsschwelle, wodurch eben der transzendentale Lebensgehalt zum irdischen geschlagen wird.

Es gibt Probleme, welche ihre Tiefe darin anzeigen, daß von ihrer Lösung Licht ausstrahlt weit über ihre eigenen Grenzen hinaus. Selbst wenn wir es dahingestellt sein lassen, ob unsere beiden Daseinsweisen zur einstigen Verschmelzung berufen sind, so läßt doch das Unsterblichkeitsproblem allein schon in der hier vorliegenden Lösung den Sinn des menschlichen Daseins und der Kulturgeschichte in einem ganz anderen Lichte erscheinen als bisher. In der Lösung des Menschenrätsels sind wir also der des Welträtsels näher gerückt, und wenn uns die materialistische wie pantheistische Lösung nur in eine Stimmung versetzen können, die zwischen erbitterter Verzweiflung und höhnendem Galgenhumor schwankt, so ergibt die Vertiefung des Problems, nämlich die Einsicht, daß die Wurzel unserer Individualität jenseits der Empfindungsschwelle liegt, im Unbewußten und nicht im Bewußtsein, eine Lebensauffassung, der gemäß wir die irdischen Aufgaben gerne auf uns nehmen und aus irdischen Leiden in eine trostvolle Perspektive schauen. Materialismus und Pantheismus können nur lähmend auf das Individuum und darum auf die Kulturgeschichte einwirken.

Durch die Vertiefung des Menschenrätsels sind wir aber auch unwillkürlich in die Lösung des Welträtsels hineingeraten und sind nun nicht mehr genötigt, uns für die Unvernunft des Seins auszusprechen. Wenn wir selbst auf zunehmende Erkenntnis und Moral hin angelegt sind, so muß, weil wir als ein sehr wesentliches Glied in die Natur eingegliedert sind, die Welt selbst ein geistiges und moralisches Problem sein.[70]) Wie ferner wir nur die Materialisierung eines übersinnlichen Wesens sind, so ist die ganze Natur die Materialisierung einer übersinnlichen Welt. Daß die materielle Welt aus Nichts entstanden wäre, kann man ohnehin wohl mit den Lippen aussprechen, aber nicht mit dem Gehirn denken; wohl aber läßt es sich denken, daß vermöge einer unergründlichen Fatalität — mögen wir sie Sündenfall oder sonstwie nennen—die übersinnliche Welt oder ein Teil von ihr von der Materialisierung ergriffen worden wäre, wie das Einzelwesen bei der Geburt. Auch ließe sich sagen, daß diese Materialisierung wieder rückgängig gemacht werden könnte, wie unsere eigene materielle Existenz, so daß die Ewigkeit der Welt nicht mehr im materialistischen Sinne als Ewigkeit der materiellen Welt zu verstehen wäre. Auch wäre die Gleichzeitigkeit unserer beiden Daseinsweisen in Parallele zu setzen mit der Gleichzeitigkeit der sinnlichen und übersinnlichen Welt. Die Materialität ist also eine Phase der Entwicklung für das Individuum und für die Welt.[71])

Materialismus und Pantheismus sind sich ihrer eigenen Trostlosigkeit im Gegensatz zur Tröstlichkeit der mystischen Weltanschauung sehr wohl bewußt; sie begegnen aber diesem Einwand durch die Worte, die Tröstlichkeit sei durchaus kein notwendiges Merkmal der Wahrheit. Das ist sie auch nicht, aber doch ein mögliches! Der Begriff „trostlose Wahrheit" ist keine contradictio in adjecto. Tröstliche Weltanschauungen können auch dadurch zustande kommen, daß der Wunsch zum Vater des Gedankens wird, wie bei den meisten Religionen. Aber die Materialisten und pessimistischen Pantheisten, indem sie diesen Fehler vermeiden wollten, sind in den entgegengesetzten Fehler verfallen.

Dum stulti vitant vitia, in contraria currunt.[72])

Durch Gewöhnung an ihre Vorstellungsweise hat

sich ihnen das Vorurteil herausgebildet, die Trostlosigkeit der Wahrheit als ein notwendiges Merkmal der Wahrheit anzusehen, und jede Weltanschauung, die irgend welchen Gemütsbedürfnissen entspricht, gilt ihnen schon darum vorweg als verdächtig. Die Popularisierer der naturwissenschaftlichen Weltanschauung schwelgen förmlich in der elegischen Stimmung, wenn sie das irdische Leben mit seinem schmerzlichen Kampf und dem Grabhügel am Endpunkte betrachten, wenn sie Planeten und ganze Fixsternsysteme auflösen, und leichten Kaufes gewinnen sie dabei auch noch das Ansehen zu erhabener Poesie gestimmter Gemüter.[73])

Dem ist aber entgegenzusetzen, daß auch der Begriff „tröstliche Wahrheit" keine contradictio in adjecto enthält. Die mystische Weltanschauung wäre nur dann zu tadeln, wenn ihre Begründer schon bei ihren Gedankenoperationen auf den Trost verstohlen hingeschielt und ihre Vernunft hingelenkt hätten. Das ist aber nicht der Fall. Die mystische Weltanschauung beruht auf den Tatsachen des Somnambulismus und Spiritismus und zieht aus denselben die unvermeidlichen logischen Schlüsse, die durchaus nicht notwendig mit Parteilichkeit für die Annehmlichkeit der Folgerungen verknüpft zu sein brauchen. Der Kritiker darf nie das Resultat der Forschung kritisieren, sondern nur den Weg, auf dem es erreicht wurde, und ebenso hat der Forscher nur auf den Weg zu sehen, auf dem er wandelt, ohne sich darum zu kümmern, wohin er führt.

Die mystische Weltanschauung kommt nun auf wissenschaftlichem Wege zustande, durch logische Folgerungen aus gegebenen Tatsachen. Während seiner Arbeit sucht der Forscher Wahrheit und weiter nichts, und die Frage, ob sie tröstlich sei, kommt ihm so ungereimt vor, wie die an den Mathematiker, ob ein Dreieck grün oder blau sei. Aber diese kühle Objektivität ist doch nur nötig während der Arbeit, in der sich der Verstand von den Einflüsterungen des Gemütes frei halten soll. Erklärt sich aber am Schlusse das Gemüt mit dem Resultat einverstanden, so kann das den Wert der Arbeit nicht schädigen. Würde der Verstand des Kritikers um dieses Resultates willen Einspruch erheben, wäre er ein geschworener Feind des Gemütes, so wäre er seinerseits nicht mehr objektiv.

Die Wahrheit muß durchsichtig wie Eis sein; sie braucht aber nicht eiskalt zu sein; und wenn sie es nicht ist, bleibt es dem Forscher unbenommen, sich darüber zu freuen, wie der Meteorologe einen von ihm prophezeiten schönen Sommertag auch als Spaziergänger genießen darf; es wäre läppisch, von ihm zu verlangen, er dürfe nur seine Verstandeskühle durch den Wald tragen. Wenn meine Kritiker sagen, meine Weltanschauung entspreche manchen Gemütsbedürfnissen, so haben sie recht, aber was kann ich dafür? Wenn sie dagegen sagen, sie sei darauf berechnet, so werde ich daraus höchstens schließen, daß sie mir mit wissenschaftlicher Kritik, mit Kritik des Weges, nichts anhaben können, und darum die Kritik des Resultates vornehmen.

Wenn die Tatsachen des Hypnotismus, Somnambulismus und Spiritismus richtig und die daraus gezogenen Folgerungen einwurfsfrei sind, so muß die Richtigkeit der daraus sich ergebenden Weltanschauung so lange zugegeben werden, bis etwa durch

die Einführung neuer Erfahrungstatsachen in die Weltrechnung ein anderes Fazit sich ergeben würde. Nun ist der Hypnotismus bereits anerkannt, und wenn einzelne Professoren, wie Dubois-Reymond und Meynert, den von ihnen gar nicht studierten Tatsachen ihre Theorien entgegenstellen, so heißt das eben mit dem Kopf gegen die Wand rennen, was niemals zum Nachteil der Wand ausfällt. Als eine Phase des Hypnotismus ist auch der Somnambulismus anerkannt, und darum werden schon in Bälde von den Professoren alle jene Tatsachen „entdeckt" werden, welche schon vor hundert Jahren die Spatzen von den Dächern gepfiffen haben. Wie flüssig endlich die Grenze zwischen Somnambulismus und Spiritismus ist, habe ich schon oft genug ausgeführt, als daß ich es hier wiederholen müßte; und wenn trotzdem Dr. Moll in Berlin jüngst die Klopflaute der Medien durch das Aneinanderschlagen der Rippen erklärt, so darf er des homerischen Gelächters der Nachwelt sicher sein.[74])
Die Anerkennung der ganzen transzendentalen Psychologie ist demnach nur noch Frage einer kurzen Zeit, und wenn es auch moderne Lehrbücher der Psychologie gibt, in denen dem Somnambulismus nicht der bescheidenste Platz eingeräumt ist, so muß eben geradezu gesagt werden, daß solche Bücher, so dickleibig sie sein mögen, schon am Tage ihres Erscheinens veraltet sind. Von „Fachgelehrten" dieser Art gilt, was Lichtenberg sagt: „Ich habe das schon mehr bemerkt, die Leute von Profession wissen oft das Beste nicht."
Die physiologische Psychologie wird immer ihre Geltung als ein wichtiger Wissenszweig behaupten, aber sie ist ganz unvermögend, das Menschenrätsel

zu lösen. Das kann nur die transzendentale Psychologie. Man kann dieselbe nicht dadurch herabsetzen, daß man auf ihre häufige Verbindung mit krankhaften Zuständen verweist; es ist vielmehr eine Verwechselung von Ursache und Bedingung, wenn man daraus folgert, die mystischen Fähigkeiten seien an sich krankhaft. Man kann diese auch dadurch nicht herabsetzen, daß man die normalen psychischen Fähigkeiten für die höchsten erklärt. Das sind sie in Bezug auf praktische Verwertbarkeit fürs Leben. und, wie schon Kant sagt, kann „die Erkenntnis der anderen Welt allhier nur erlangt werden, indem man etwas von demjenigen Verstand einbüßt, welchen man für die gegenwärtige nötig hat" („Träume eines Geistersehers"). Aber trotzdem haben die transzendentalen Fähigkeiten die größere theoretische Bedeutung für die Erklärung des Menschen; denn sie beweisen, daß er nicht bloß für dieses Dasein eingerichtet ist. Dieser Beweis ist aus der normalen Psyche schwerer zu führen, und nur darum konnte sich der Materialismus so hartnäckig behaupten; er geht aber in die Brüche, wenn auch nur ein einziger Fall von Fernsehen nachgewiesen ist, wie deren tausend nachgewiesen sind. Von den Fähigkeiten des Embryo im Mutterleib sind diejenigen gewissermaßen die höchsten, die für sein Embryonaldasein die wichtigsten sind; aber von viel größerer philosophischer Bedeutung sind diejenigen Ansätze, die für diese Existenzphase keine Bedeutung haben, die aber erkennen lassen, daß er sich zum Eintritt in unsere Welt des Lichtes vorbereitet. Seine Bewegungsorgane und Sinnesapparate sind momentan zwecklos, aber gerade aus ihnen erkennen wir seinen hohen Beruf.

Fassen wir kurz die Gründe zusammen, welche die Bedeutung der transzendentalen Psychologie für das Menschenrätsel erkennen lassen:

1. Pope sagt, das eigentliche Studium des Menschen sei der Mensch. Es ist subjektives Bedürfnis, daß wir zunächst über uns selbst zur Klarheit kommen wollen; da wir aber unbestreitbar auf der Erde den ersten Rang einnehmen, sind wir auch objektiv das interessanteste Untersuchungsobjekt.

2. Die Bemühungen, die Welt zu erklären, und uns aus ihr, sind bisher so unbefriedigend ausgefallen, daß sich der Versuch verlohnen dürfte, vom Menschenrätsel aus auf die Bedeutung der Welt zu schließen. Dieser Weg muß sogar eingeschlagen werden; der Mensch als höchste Naturtatsache muß erst richtig definiert sein, wenn die Natur selbst richtig gewürdigt werden soll. Ein Schriftsteller und Künstler muß nach seinen besten Werken beurteilt werden; ein Homer nicht nach jenen Stellen, bei welchen er nach dem Ausspruch des Horaz geschlafen hat: quandoque dormitat Homerus. Erst wenn wir wissen, was der Mensch ist, können wir rückschließend aussagen, was die Welt ist. Da wir auf Bewußtsein und Moral hin angelegt sind und im Einklang mit der Natur geschaffen sind, ist eben auch die Natur ein geistiges und moralisches Problem. Welt und Mensch können zwar begrifflich auseinandergehalten werden, gehören aber zusammen. Das ganze Welträtsel erscheint in verschiedenem Licht, je nachdem wir den Menschen materialistisch als ein bloß physikalisches Problem auffassen, oder spiritualistisch als ein metaphysisches Problem.

3. Die höchste Definition des Menschen ergibt sich

aus der transzendentalen Psychologie heraus, die also auch der ganzen Natur ein höheres Ansehen verleiht. Ein Vergleich aus dem astronomischen Gebiet wird das erläutern:

Der erste, der eine fallende Sternschnuppe wissenschaftlich beobachtete, wird ohne Zweifel nach dem Augenschein geurteilt haben, daß aus irgend einer Ursache in der Atmosphäre leuchtende Punkte entstehen, mit großer Geschwindigkeit fortrücken und dann erlöschen. Was der Augenschein lehrt, ist damit richtig bezeichnet, aber die Natur der Sternschnuppe ist damit noch nicht erkannt. Diese wurde erst verstanden als eine der kosmischen Physik angehörige Erscheinung: die Sternschnuppe auf ihrer Wanderung um die Sonne gelangt zeitweilig in die irdische Atmosphäre; dadurch wird ihre räumliche Bewegung gehemmt und verwandelt sich nach physikalischen Gesetzen in molekulare Bewegung, d. h. Wärme. Die Sternschnuppe gerät in Glühhitze und jenes Bahnstück, das innerhalb der Atmosphäre liegt, wird leuchtend; sie erlischt aber wieder außerhalb der Atmosphäre, wo ein Widerstand der Luft nicht vorhanden ist; sie verschwindet optisch, setzt aber in der Tat ihre Wanderung fort. Das Dasein der Sternschnuppe ist daher nicht auf das leuchtende Bahnstück beschränkt, sondern diesseits wie jenseits verlängert.

Wer nun den Menschen mit der Geburt anheben, wer ihn durch den Tod vernichtet werden läßt, gleicht einem Astronomen, der die Sternschnuppe als bloß atmosphärische Erscheinung aus ihrem leuchtenden Bahnstück heraus erklärt. Wenn wir nun das irdische, im Lichte seines sinnlichen Bewußtseins leuchtende Bahnstück des Menschen betrachten, gelangen wir zu einer falschen Definition, verwandeln ihn in ein bloß physikalisches Problem. Wir müssen ihn als kosmisches Wesen erkennen, sein irdisches Bahnstück nach vorwärts und rückwärts verlängern, um seine wahre Natur zu durchschauen.

Weil nun von unserem sinnlichen Selbstbewußtsein in der Tat nur unser irdisches Bahnstück erhellt ist, das Übrige im Dunkeln liegt, darum liegt das Fundament, das ceterum censeo[75]) aller Mystik in dem Satze: das Selbstbewußtsein erschöpft nicht seinen Gegenstand; mit anderen Worten: es gibt eine transzendentale Psychologie. Wer diesen Satz, daß wir über unser Selbstbewußtsein hinausragen, beweisen und die Frage, wie weit wir hinausragen, erschöpfend beantworten kann — dies wird ohne Zweifel die Aufgabe der Philosophie des nächsten Jahrhunderts sein[76]) — der wird für das Menschenrätsel leisten, was Schiaparelli für die Sternschnuppe geleistet hat, indem er nachwies, daß ihr atmosphärisches leuchtendes Bahnstück nur ein Teil einer größeren kosmischen Kurve ist. Sind aber von dieser einige Punkte bestimmt, so läßt sich auch Form und Lage der ganzen Bahn berechnen.

Weil unser sinnliches Bewußtsein nur das irdische, zwischen Geburt und Tod liegende Bahnstück beleuchtet, muß diesem der Schein anhaften, als sei die Geburt der Beginn der Existenz, wie der Tod ihr Ende, welche Existenz zudem durch eine fremde, bloß irdische Ursache als Geschenk von außen uns verliehen wurde, und dieser Schein müßte für die irdische Person selbst dann bestehen, wenn wir als Subjekt mit transzendentalem Bewußtsein den freiwilligen Entschluß gefaßt hätten, ins Irdische zu tauchen. Die Geheimwissenschaften lehren nun aber die organisierende Natur der Seele, und damit ist dem irdischen Bahnstück eine Präexistenz und Postexistenz beigefügt; sie lehren ferner, daß wir diese Verlängerungsstücke, die für uns im Unbewußten liegen, mit transzendentalem Bewußtsein durchwandern, welches wir überall da ansetzen müssen, wo das sinnliche Bewußtsein aufhört oder anfängt, jenseits der Geburt wie des Todes; sie lehren endlich, ja schon die geniale Produktion zeigt es, daß dieses transzendentale Bewußtsein gleichzeitig mit dem sinnlichen Bewußtsein, wenn auch verborgen für dieses, besteht. Unser Eintritt ins Leben erfolgt also durch eine von uns ungewußte, aber nicht an sich unbewußte Ursache, und diese Ursache liegt nicht außerhalb unser in den irdischen Verhältnissen, sondern in uns selbst; er ist ein transzendenter Willensentschluß. Der äußere Zwang ist nur ein Schein.

Das alles wird noch deutlicher, wenn wir den umgekehrten Fall betrachten, daß die Begleitung einer Handlung durch das sinnliche Bewußtsein den Schein der Freiheit erweckt, auch wenn sie unter fremdem Zwang geschieht. Spinoza hat in einem seiner Briefe das tiefe Wort ausgesprochen, daß ein mit Bewußtsein versehener Stein, wenn er geworfen wird, glauben würde, freiwillig zu fliegen. Der Satz ist vielleicht buchstäblich wahr: denn wenn alle Kraft —nach Schopenhauer und Wallace[77])— Wille ist, so würde jener Stein, sein Inneres erkennend, in sich einen Willen finden, der ihn auf der Wurfkurve vorwärts treibt, wie er, auf dem Boden angelangt, diesen Willen nicht mehr finden, also seine physikalische Trägheit für eine psychische halten würde.

Wie also der Schein der Freiheit entstehen kann vermöge des Bewußtseins, so der Schein der Unfreiheit vermöge des Unbewußtseins. Ja sogar der durch unser eigenes Handeln bestimmte Inhalt unseres Lebens, einerseits von den äußeren Existenzverhältnissen herbeigeführt, könnte doch andererseits transzendental bestimmt sein. Nehmen wir zum Vergleich den eingangs erwähnten Matrosen. Wenn diesem vor seiner Aussetzung auf der Insel posthypnotische Befehle erteilt worden wären, die er nach Monaten und Jahren auszuführen hätte, so würde er sie zur rechten Zeit ausführen, und weil es mit Bewußtsein geschähe, würde er in der Täuschung der Freiheit befangen sein.[78]) Auch Handlungen unseres Lebens könnten also sehr wohl mit Bezug auf eine individuelle oder auch geschichtliche Mission gleichsam durch posthypnotische Befehle erfolgen, vom transzendentalen Subjekt als Hypnotiseur erteilt, während wir im Zustand sinnlicher Unbewußtheit waren, dann aber ausgeführt mit dem Scheine der Freiheit.

Kant sagt in seiner dritten Antinomie der reinen Vernunft, welche den Gegensatz von Notwendigkeit und Freiheit behandelt, daß die Veränderungen in der Welt, mit Einschluß unserer Handlungen, notwendig eintreten. Irdisch betrachtet ist jede Handlung das notwendige Produkt aus Motiv und Charakter, und Kant selbst sagt, daß, wenn wir den empirischen Charakter eines Menschen genau kennen würden, wir auf sein Handeln in einer bestimmt gegebenen Situation mit derselben Sicherheit schließen könnten, womit wir eine Sonnenfinsternis berechnen. Freiheit, sagt Kant, sei nur im Reiche des Übersinnlichen, des Intelligiblen zu treffen, im „Ding an sich". Wenn nun aber unserem irdischen, empirischen Charakter ein übersinnliches Wesen, ein transzendentales Subjekt, zu Grunde liegt, dann ist die übersinnliche Freiheit die eines „Ich an sich" und ist individuell zu denken. Insofern müßte der Eintritt ins Leben, der dem Bewußtsein als notwendig erscheint, weil es die Bedingungen des Lebens mit dessen Ursache verwechselt, ein freiwilliger Akt des Subjekts sein, und da der empirische Charakter selbst nur die Darstellung des transzendentalen ist, sind auch die Handlungen unseres Lebens dem transzendentalen Subjekt als frei anzurechnen.

So läßt sich also jene Spekulation Kants, deren Tiefsinn Schopenhauer und Schelling so sehr bewundert haben, jetzt nach 100 Jahren durch eine Tatsache der transzendentalen Psychologie, durch den posthypnotischen Befehl, verdeutlichen. Die Einsicht in die Notwendigkeit unserer Handlungen steht daher nicht im Widerspruch mit unserem Gefühl der Freiheit und Verantwortlichkeit, sondern ist mit ihr vereinbar.

Autohypnose und posthypnotische Befehle sind anerkannte Phänomene und sie drängen unwillkürlich zu ihrer Verwertung im obigen Sinne, weil sie nicht nur zwei philosophische Rätsel, die Geburt und das trotz der Notwendigkeit bestehende Verantwortlichkeitsgefühl, erklären, sondern auch gewisse sonst unerklärliche Erfahrungstatsachen, z. B. die rhythmischen Bewegungen in unserem Lebensschicksal, wovon Hellenbach in der „Magie der Zahlen", und die „Absichtlichkeit im Schicksale des Einzelnen", wovon Schopenhauer spricht.[79])

Wäre es nun so, so würde sich auch daraus ergeben, daß unser irdischer Lebensgang zu unserem transzendentalen Wohl eingerichtet ist, und das verleiht uns eine transzendental begründete Resignation, die weit mehr leistet, als die Weisheit aus Not zu leisten vermöchte.[80])

Auf allen Punkten wiederholt es sich also, daß die transzendentale Psychologie, weil erst in ihr die Lösung des Menschenrätsels zu finden ist, Vernunft in unser Dasein bringt, welches materialistisch bloß von der irdischen Seite betrachtet, als die größte Unvernunft erscheint. Denn materialistisch genommen ist die Geburt nur die Folge eines kurzen Vergnügens, welches sich zwei Individuen in dem bekannten „égoisme à deux" auf Kosten eines dritten bereitet haben, welches letztere als Buße dafür einige Jahrzehnte lang die Plackereien des Lebens zu tragen hätte. Die Frage, ob ein solcher égoisme à deux moralisch ist, wäre alsdann zu verneinen; die Frage, ob es Pflichten der Kinder gegen die Eltern, ja ob es überhaupt Pflichten irgend welcher Art gebe, wäre ebenfalls zu verneinen. Alle drei Fragen aber sind zu bejahen vom Standpunkt der transzendentalen Psychologie, die darin ihre eminente Bedeutung auch in praktischer Hinsicht verrät.

Die Materialisten, wenn sie von Moral reden, beschränken charakteristischerweise ihre Untersuchung auf die Frage, wie die Moral entstanden sei; die andere, ob die Moral Pflicht sei, bleibt aus guten Gründen unerörtert. In einer bloß materiellen Welt, die sich nur durch größeren Umfang von einer Retorte unterscheidet, ist eben absolut nichts vorhanden, worauf sich eine Moral gründen ließe;

die Moral setzt ihrem Begriffe gemäß schon voraus, daß Welt und Mensch nicht bloß physikalische Probleme seien, sondern auch metaphysische. Wenn der Materialist das leugnet und dennoch Moral predigt, so ist er eben unlogisch, was ihm allerdings nie schwer fällt.

Die transzendentale Psychologie dagegen vermag allerdings eine Moral nicht bloß zu predigen, sondern zu begründen, weil sie Unsterblichkeit lehrt und die Abhängigkeit des künftigen Zustandes vom Gebrauch, den wir im Diesseits von unseren Anlagen und Fähigkeiten machen. Das ist aber nicht nur von praktischem Interesse, sondern heute sogar von sehr aktuellem Interesse; denn im Zersetzungsprozeß der Religionen hat die Moral ihre alten Stützen verloren, sie müßte also auf dem bisherigen Wege selbst allmählich zersetzt werden. Die derzeitige Moral ist der Niederschlag der idealistischen Weltanschauungen der Vergangenheit, die ihren pädagogischen Wert hatten und ihren Zweck erfüllten, wiewohl in ihnen die Moral ungenügend, ja unrichtig begründet war. Die Moral müßte also notwendig verkümmern, wenn ihr nicht aus einer neuen idealistischen Weltanschauung neue Blutzufuhr zufließen würde.

Diese Weltanschauung ist erst in den Anfängen ihrer Bildung begriffen, und darum spiegelt sich unsere theoretische Zerfahrenheit hinsichtlich des Moralproblems wieder in der gesellschaftlichen Zerfahrenheit, womit die modernen Menschen ihr Leben gestalten. Der eine strebt mit Faustischem Drang nach Wissen, aber seine Nebenmenschen kümmern ihn nicht; der Sinn des andern ist ganz auf Werke der Wohltätigkeit gerichter, aber er verschmäht ganz und gar Wissenschaft und Kunst. Der eine isoliert sich, indem er zu den Trappisten geht oder sonstwie in bloßer Beschaulichkeit ein mehr vegetatives Dasein führt; der andere stürzt sich ins Menschenleben, dem Phantom des Ruhmes nachzujagen, strebt dabei vielleicht auch nach Wissen, aber nur weil es Macht verleiht. Die meisten endlich jagen nur nach sinnlichen Genüssen und nach Gold, als dem Mittel, sich diese Genüsse zu verschaffen. Weil nun bei diesem Streben notwendig viele zu kurz kommen müssen—die Erde ist eben keine Schlaraffia — und weil unvermeidlich ungesunde Extreme von Pauperismus und Reichtum eintreten, so ist in neuerer Zeit die soziale Frage aufgetaucht, die sich in den Köpfen sehr verschieden äußert, bei den einen als philanthropische Schwärmerei, bei anderen als blinde Zerstörungswut, oder auch als kleinlichste Eitelkeit und Sucht, von sich reden zu machen. Wer kein Heros zu sein vermag, will wenigstens ein Herostratus werden. Bei allen diesen verschiedenen Tendenzen in unserer Gesellschaft glaubt doch jeder das Richtige zu tun und hat die korrespondierende Weltanschauung, um gerade sein Verhalten zu motivieren — und hier zeigt sich eben die praktische Zerfahrenheit als Wirkung der theoretischen.

Leider sind selbst die berechtigten Bestandteile dieser sozialen Bewegung mit der Ansicht verquickt, die Reform sei im großen und ganzen auf dem Boden der materialistischen Weltanschauung vorzunehmen. Dies ist aber geradezu ein logischer Widerspruch; denn je mehr der theoretische Materialismus Überzeugungssache wird, desto mehr wird er sich praktisch ausleben und damit den Kampf ums Dasein immer mehr verschärfen, den der Sozialismus doch mildern will. Durch äußere nationalökonomische Maßregeln kann das wohl bis zu einem gewissen Grade geschehen, aber die Hauptsache bleibt doch immer, die Menschen ihrer inneren Substanz nach so umzuändern, daß die Philanthropie auch ohne jene äußeren Veranstaltungen besteht, die sonst immer von einem Bruchteil als lästiger Zwang empfunden würden. Diejenigen Sozialisten, die in der Tat nur die moralische Tendenz haben, den Armen und Elenden aufzuhelfen, werden früher oder später zur Einsicht gelangen, daß der mit der materialistischen Weltanschauung verschmolzene Sozialismus dieses Ziel nie dauernd erreichen kann, und daß es nur auf Grund einer metaphysischen Weltanschauung erreichbar ist. Eine solche kann aber in unserem Jahrhundert nur auf der Grundlage von Erfahrungstatsachen aufgebaut werden, und darum bedarf es zunächst der Anerkennung der transzendentalen Psychologie; sie bildet die eigentliche Eingangspforte in die Metaphysik.[81])

Es gibt sehr viele unter uns, welche unsere Kultur optimistisch verblendet betrachten, alles rosig und in unseren Gesellschaftszuständen schon einen bedeutenden Moralitätsgrad verwirklicht sehen, daher auch von der Notwendigkeit einer neuen Weltanschauung sich nicht überzeugen können. Aber näher besehen löst sich die moralische Färbung unserer Kultur in bloßen Schein auf, nämlich in bloße Legalität des Handelns ohne moralische Gesinnung. Diese Legalität wird aufrecht erhalten bei den Gebildeten durch die öffentliche Meinung, bei den Ungebildeten durch die Staatsgewalt und das Strafgesetzbuch. Nur was nach Abzug dessen, was auf Rechnung dieser beiden Faktoren kommt, in unserer Kultur an Moral noch übrig bleibt, ist waschecht und kann der inneren Gesinnung zugeschrieben werden. Das zeigt sich, so oft die Stützen der Legalität, wenn auch nur vorübergehend, umgestürzt werden. Jedesmal ist dann der Bestialismus zu Tage getreten; so bei der „großen" Revolution, bei welcher Köpfe auf Piken gespießt herumgetragen wurden, sodaß Paris mit einem Schlag auf die Kulturstufe von Dahomey herabsank. Von einer Verringerung der Moral ist dabei keine Rede; nur der Zwang war verringert, der bislang die Legalität aufrecht erhalten hatte. So würden aber auch bei einer neuen Revolution Anarchisten[82]) und Nihilisten den Beweis erbringen, daß wir mitten in unserer Zivilisation unsere Rothäute haben, und den Sozialisten von berechtigten Tendenzen wird es schwerlich gelingen, sich dieser Gesellschaft zu erwehren.

Das alles muß bei einer objektiven Abschätzung unseres Moralitätsgrades in Rechnung gestellt werden und zeigt, wie notwendig die Wiederbelebung des Glaubens an eine Metaphysik ist, weil nur so die Moral neu gestützt werden kann. Eine Moral aber, die nicht bloß äußerlich anbefohlen, sondern innerlich begründet werden soll, muß aus der Definition selbst folgen, welche der Mensch in dieser neuen Metaphysik erhält Es kommt also auch hier auf die richtige Lösung des Menschenrätsels an.

Die Begründung der Moral ist ohne Zweifel die schwierigste, aber auch die eigentliche Aufgabe der Philosophie; denn der Mensch ist die höchste

Naturtatsache, und die Moral ist seine höchste Funktion. Instinktiv stellen wir dieselbe höher als die Bildung. Am moralischen Menschen vermissen wir kaum die Bildung, Genie ohne Moral aber stößt uns ab. Dummheit erregt Bedauern oder Heiterkeit, Schlechtigkeit erregt Entrüstung. Der eigentliche Prüfstein philosophischer Systeme liegt also darin, ob sie fähig sind, die Moral zu begründen.
Der moralische Instinkt ist nun aber unlogisch, wenn die menschliche Individualität nur zwischen Wiege und Grab liegt. Hätte nur unser sichtbares Bahnstück Geltung und gingen wir mit Bewußtsein unserem Erlöschen entgegen, dann gleichen wir dem zum Tod Verurteilten, nur daß unser Weg zur Richtstätte etwas länger und der Zeitpunkt ungewiß ist, wann wir sie erreichen. Das Gesetz gesteht dem Verurteilten für seine letzten Tage die Erfüllung seiner leiblichen Wünsche zu. So war es schon bei den alten Griechen. Diesen Anspruch mit Vernachlässigung der Vorbereitung für das Jenseits werden wir aber für unsere ganze Lebensdauer erheben, wenn wir als Materialisten den Tod als Vernichtung ansehen.
Hier zeigt sich, daß für die Moral ein analoges Verhältnis existiert wie für die Intelligenz. Der Intelligenzgrad ist nämlich abhängig von der Entwicklung des Zeitsinns. Das Tier lebt in der anschaulichen Gegenwart; es hat kein Zeitbewußtsein. Nicht viel anders der Mensch im Zustand des Nomadenlebens; er schöpft keine Belehrung aus der Vergangenheit und trifft keine Anstalten für die Zukunft. Der Kulturmensch ist darum das höchste irdische Wesen, weil er bei seinen Handlungen

Vergangenheit und Zukunft in Rechnung zieht. Der Entwicklungsgrad des Zeitsinns bestimmt also die biologische Stufe eines Wesens und ist identisch mit dem Entwicklungsgrad der Vernunft; denn die Vergangenheit läßt sich nur in der Form abstrakter Begriffe aufbewahren, die Zukunft nur in solchen denken; das Vermögen abstrakter Begriffe ist aber eben die Vernunft. Insofern ist also unsere ganze Kultur in Hinsicht der Intelligenz an die Entwicklung des Zeitbewußtseins gebunden. Ohne dieses wäre der biologische Prozeß nicht über das Tier hinausgekommen.

Wie nun die Entwicklung der Intelligenz an die des irdischen Zeitsinns geknüpft ist, so die Entwicklung der Moral an die des überirdischen Zeitsinns. Sie ist allererst möglich, wenn wir unser irdisches, vom sinnlichen Bewußtsein beleuchtetes Bahnstück als bloßen Teil einer vielleicht hyperbolischen Kurve erkennen, die wir zu durchwandern haben. Mag in der Steigerung der Intelligenz die irdische Zeit noch so vollkommen, nach Vergangenheit und Zukunft, umfaßt werden, so kann das immer nur der Intelligenz zu gute kommen und zum Motiv werden, dem Wohl unserer irdischen Person nachzustreben. Damit tritt aber der Konflikt mit der Moral ein. Dem Wohle unseres ganzen, unseres eigentlichen Wesens werden wir erst nachstreben, wenn unser Zeitbewußtsein über die irdische Existenz hinausgreift und die metaphysische Natur des Menschen wieder erkannt sein wird. Von dieser Steigerung des Zeitsinnes und der damit verbundenen Erhöhung des Menschen wird auch der moralische Mensch mit umfaßt sein.[88])

Dieses Ziel uns erkennen zu lassen, ist die Aufgabe der transzendentalen Psychologie. Sie lehrt, daß der Mensch die Materialisierung eines transzendentalen Subjekts, die Verkörperung eines übersinnlichen Wesens ist. Als ein wesentlicher Teil der Natur ist er wohl das Gleiche, was diese ganze Natur zu sein scheint, die nicht aus Nichts entstanden, sondern nur die Materialisierung einer unsichtbaren Welt sein kann. So dachten die Mystiker. Die Bibel nennt diese Materialisierung unseres unsichtbaren Wesens „Vertreibung aus dem Paradiese". Wir können den Mythos beibehalten, nur werden wir ihn im Sinne der Geheimwissenschaften auslegen, wie es Philo, Origenes, die Kabbalisten, Plotin und Platon in seiner Ideenlehre getan. Das Paradies geht der Geburt vorher und ist die Präexistenz. Der Sündenfall folgt nicht erst der Geburt, sondern er ist die irdische Geburt. Er fällt mit der Vertreibung aus dem Paradiese zusammen, d. h. durch die Geburt wird uns unsere transzendentale Existenz unbewußt. Die „Leibröcke von Fell", womit Gott den gefallenen Menschen bekleidet, sind die irdischen Körper, deren sie sich schämten, als sie sie erkannten, während sie ihrer früheren Nacktheit des ätherischen Leibes sich nicht schämten. Durch den Sündenfall, so sagt die Bibel, ist der Tod in die Welt gekommen. Gewiß; denn die Materialisierung ist wegen der Vergänglichkeit aller Materie nur zeitlich und es muß ihr die Dematerialisierung, der Tod, folgen. Darum eben sollen wir das Leben benutzen, solche Güter zu erwerben, die den Tod überdauern. Das Programm unserer Lebensführung wird bestimmt durch die Erkenntnis, daß wir über den Tod hinaus entwicklungsfähig sind.

Diese Definition des „Sündenfalls" wird zwar den Theologen nicht behagen, die von der esoterischen Seite ihrer eigenen Dogmen keine Ahnung haben; aber esoterisch verstanden ist der Mythos wahr. Versteift man sich dagegen auf die buchstäbliche exoterische Auslegung der Dogmen, so werden sie auf der wissenschaftlichen Erkenntnisstufe unhaltbar, und alle Bemühungen der Theologen können alsdann nicht verhindern, daß die Zahl der Ungläubigen beständig wächst. Darin besteht eben die Wahrheit jedes tiefsinnigen Mythos, daß er auf jeder Erkenntnisstufe in eine andere Auslegung hineinwächst, ohne zu veralten; wenn die naive Auslegung unhaltbar geworden ist, stellt eine tiefere sich ein. Esoterisch verstanden kommt also auch der Geschichte vom Adam in unseren Kinderkatechismen ein Wahrheitsgehalt zu.

Die Kirche wird sich freilich mit solchen Konzessionen nicht zufrieden geben, und darum ist auch ihr Konflikt mit der modernen Mystik nicht zu vermeiden, und er wird vielleicht in Bälde zum Austrag kommen. Zu bedauern ist dieser Konflikt insofern, als der eigentliche Feind der Menschheit und einer idealen Kultur der Materialismus ist, zu dessen Bekämpfung alle sich verbinden sollten, die, in welcher Form immer, an eine Metaphysik glauben. Es wäre aber naiv, das von einer Kirche zu erhoffen, die von jeher alle Andersgläubigen verfolgt hat, auch wenn deren Glaube sich vom kirchlichen nur durch eine Schattierung unterschied. Sie hat diesen Kampf von jeher mit allen ihr jeweilig zu Gebot stehenden Mitteln geführt, mit Feuer und Schwert, so lange sie mächtig war, und führt ihn noch heute, da

sie ihre Macht verloren, mit gelinderen Mitteln.
Im übrigen kann es dem modernen Mystiker nicht einen Augenblick zweifelhaft sein, auf welcher Seite bei dem bevorstehenden Konflikt der Sieg sein wird. Die Kirche wird nie von der Behauptung lassen, daß ihre Dogmen Offenbarungen seien, an denen nicht gedeutelt werden darf, sondern die einfach geglaubt werden müssen, und zwar im exoterischen Sinne. Mit diesen Ansprüchen durchzudringen hat sie aber keine Aussicht. Man versteht unser Jahrhundert nicht, wenn man nicht einsehen will, daß die Menschheit dem Gängelbande des Glaubens entwachsen ist und mit demselben nicht mehr gelenkt werden kann. Das Jahrhundert der Naturwissenschaften will nicht mehr glauben, sondern wissen. Der Übergang ist allerdings nicht so leicht, und er muß vorübergehend schwere Nachteile im Gefolge haben; aber an sich betrachtet ist es eine erfreuliche Erscheinung, wenn die Menschheit das Bedürfnis empfindet, von der Stufe des Glaubens auf die höhere des Wissens gehoben zu werden. Die Wahrheit kann an Macht dadurch nur gewinnen, wenn sie nicht bloß geglaubt, sondern gewußt wird, und der wissende Mensch selbst steht höher als der glaubende. Die Glaubenslosigkeit, wenn sie die Massen ergreift, noch bevor der Ersatz da ist, ist freilich bedenklich, aber doch nur für die Übergangsperiode. Könnte unser Blick über diese Periode weit hinaussehen, so würden die Jeremiaden über den modernen Unglauben verstummen.
Zur Zeit ist es freilich gerade unser Problem der Unsterblichkeit, welches unter dem modernen Un-

glauben am schwersten leidet. Die Überzeugung von der Unzulänglichkeit der bisherigen Beweise ist bereits Massenphänomen, und so lange die stärkeren, ja vollkommen einwurfsfreien Beweise der Unsterblichkeit nicht in die Massen dringen, werden diese das Kind mit dem Bad ausschütten und die Zwischenzeit durch den Materialismus ausfüllen. So sehen wir heute, daß in den Arbeiterkreisen Büchners „Kraft und Stoff" zu den gelesensten Büchern gehört.[84]) Darin liegt unbestreitbar eine große Gefahr; man ist sich derselben bewußt, und die Kirche versteht es, aus dieser ängstlichen Stimmung Kapital zu schlagen. Als Löschmittel gegen das Petroleum bietet sie dem Staate das Weihwasser an. Man will z. B. an der Schule den Hebel ansetzen, um die Massen wieder gläubig zu machen; man glaubt also über die charakteristische Signatur unseres Jahrhunderts, welches vom Glauben zum Wissen fortschreiten will, einfach hinweggehen zu können. Die Massen sollen wieder gläubig werden, und zu diesem Behufe soll die Wissenschaft sich dem Glauben unterordnen. Mit diesem ungeheuren Anspruch hat die Kirche bisher nur erreicht, daß der Unglaube beständig zugenommen hat, und es liegt auf der Hand, daß sie damit auch künftig nichts anderes erreichen kann. Wenn das Wort Entwicklung für die Geschichte ebenso gilt wie für die Biologie, so kann eine Kirche, welche die Entwicklungsunfähigkeit der Religion und die ewige Geltung ihrer Dogmen im buchstäblichen Sinne zum Prinzip erhebt, an Macht immer nur verlieren. Über eine Wissenschaft, die dem Glaubensollen ein Wissenwollen entgegenstellt, kann die Kirche nicht siegen. Nur eine solche Metaphysik hat Aus-

sichten, bei den Massen Eingang zu finden und den Materialismus aus ihnen zu verdrängen, die das Prinzip der geistigen Entwicklung der Menschheit anerkennt und den metaphysischen Vorstellungen die Unterlage von Erfahrungstatsachen zu geben vermag. Weil die Naturwissenschaft diesem Anspruch genügt hat, ist sie in die Massen gedrungen, und von nun an werden diese Massen diesen Anspruch auch jeder Metaphysik gegenüber erheben. Kurz, dem Offenbarungsglauben entwächst die Menschheit mehr und mehr, die spekulative Metaphysik wird immer Kaviar für das Volk bleiben, und die Massen können nur zu einer solchen Metaphysik bekehrt werden, welche die Nachteile des Dogmatismus abgestreift und die Vorteile der naturwissenschaftlichen Erkenntnis gewonnen hat.
Diesen Vorteil bietet nun jene Weltanschauung, die, auf den Tatsachen der Geheimwissenschaften fußend, ihre Fühlhörner bis in das metaphysische Gebiet vorstreckt. Es ist demnach klar, daß die moderne Mystik, wenn ihr Konflikt mit der Kirche eintreten wird, alle Aussichten hat, die Massen für sich zu gewinnen. Selbst in unseren Arbeiterkreisen regt sich schon das Bedürfnis nach Bildung. Sie wissen es sehr gut, daß Wissen Macht ist, ja darüber sind sie sich klar, daß ein dauernder Sieg immer nur jener Partei zufallen kann, welche die Wahrheit vertritt. Nun kommt die Kirche und behauptet, sie eben sei im Besitze der Wahrheit und bietet — Dogmen, an welche zu glauben mit zunehmender Erkenntnis immer schwerer wird, an welchen schon der Lateinschüler zu zweifeln beginnt, und die der Student bis auf den letzten Rest über Bord wirft. Davon tut die moderne Mystik

das gerade Gegenteil. Sie verlangt nicht, daß man glaube, sondern untersuche; sie bietet Tatsachen statt der Dogmen; sie bietet eine Weltanschauung, die mit zunehmendem Studium immer plausibler und schließlich zur festen wissenschaftlichen Überzeugung, zum Wissen wird. Sie hat die Untersuchung nicht zu fürchten, sondern fordert sie. Ja noch mehr; sie verlangt das Experiment und weiß es bestimmt, daß jeder, der diesem Rate folgt, zum überzeugten Anhänger dieser neuen Weltanschauung werden muß.[85]) Eine solche Weltanschauung muß unvermeidlich in die Massen immer mehr eindringen. Die Kirche ist einem solchen Gegner nicht gewachsen; sie, die das „Opfer des Verstandes" fordert, ist nicht konkurrenzfähig gegenüber einer Weltanschauung, welche den Gebrauch des Verstandes verlangt, ja zum exakten Experiment auffordert und davon immer neue Beweise zu erwarten hat.[86])

Nun kommt aber noch dazu, daß der Staat und eine auf ihr wirkliches Wohl, auf ihre Lebensfähigkeit bedachte Kirche allen Grund hätten, eine solche Bewegung zu fördern, die den Materialismus hinwegfegen und den Glauben an Metaphysik wieder beleben wird. Wenn eine solche Metaphysik zudem in einem so wesentlichen Punkte, wie es die Unsterblichkeit ist, mit der Religion übereinstimmt und Beweise dafür liefert, während die Kirche über solche nicht verfügt, so fällt ja für die Religion selbst ein Gewinn ab, dem gegenüber es nicht in Betracht kommt, wenn andere Bestandteile der katholischen oder protestantischen Orthodoxie in die Brüche gehen sollten.

Die Menschheit wird also zum Glauben an Metaphysik zurückkehren, aber nicht dadurch, daß man den Kindern Dogmen eintrichtert, sondern daß man den Erwachsenen Tatsachen zur Prüfung vorlegt. Der Kirche gelingt es trotz ihres großartigen Apparates nicht einmal, sich ihre Gläubigen zu erhalten, noch weniger aber ist es päpstlichen Bullen und bischöflichen Hirtenbriefen je gelungen, auch nur einen Materialisten zurückzubekehren; die moderne Mystik dagegen, bloß weil ihr die Tatsachen zur Seite stehen, sieht die Zahl ihrer Anhänger beständig wachsen und hat schon bisher dem Materialismus ungeheuren Abbruch getan.
So erweist sich denn die Seelenlehre, indem sie die transzendentale Psychologie mit in Rechnung zieht, von sehr weittragender Bedeutung in praktischer Beziehung. Als Theorie aber löst sie nicht nur das Menschenrätsel in einem bisher noch nicht erreichten Grade, sondern teilweise das Welträtsel; der Weltzweck wird uns teilweise durchsichtig, und wir erkennen, daß die Welt eine Pflanzschule für Geister ist, welche durch die Vertreibung aus dem transzendentalen Paradiese vielleicht mehr gefördert werden mögen, als im Paradiese selbst.

Schema zur Erklärung des Menschen vom Standpunkte der Geheimwissenschaften

Der Mensch

Das Jenseits
(Reich des Unbewußten, d. h. des transzendentalen Bewußtseins)

Das transzendentale Subjekt

Magische Kräfte — Übersinnliches Bewußtsein — Astralleib

Somnambulismus

Schwarze Magie, Hexen, Zauberer — Weiße Magie, Magnetismus, Religiöse Mystik — Doppelgänger — Materialisation

Spiritismus — Irdische Geburt

Die Empfindungsschwelle

Das Diesseits
(Reich des sinnlichen Bewußtseins)

Der irdische Mensch

Materieller Körper — Sinnliches Bewußtsein

Deren einheitliche Ursache in einem transzendentalen Subjekt, d. h. die monistische Seelenlehre, bewiesen durch den Einfluß

des Gedankens auf das Organisierende — des Organisierenden auf das Denken

Hypnotismus — Organprojektion

In der Ästhetik — In der Technik

Goldener Schnitt — Anthropomorphische u. anthropopathische Naturbetrachtung — Anthropomorphische Gestaltung technischer Apparate

ERKLÄRUNG

Der Mensch lebt gleichzeitig im Jenseits als transzendentales Subjekt und im Diesseits als irdischer Mensch. Die beiden Daseinsweisen sind verschieden in Bezug auf Erkenntnisformen und Wirkungsweise. Jenseits und Diesseits sind nicht räumlich getrennt, sondern nur durch die Empfindungsschwelle, dergemäß das sinnliche Bewußtsein nur das irdische Dasein umfaßt. Das Jenseits ist das anders angeschaute Diesseits. Eine monistische Erklärung des irdischen Menschen, nach Körper und Geist, erfordert den Nachweis der Identität des denkenden und organisierenden Prinzips in einem transzendentalen Subjekt, womit zugleich für die Geheimwissenschaften die Grundlage gewonnen ist. Die Kräfte und Fähigkeiten des transzendentalen Subjekts, insofern sie uns ausnahmsweise im Diesseits bewußt werden (Somnambulismus) und aus dem Jenseits ins Diesseits herübergreifen (Spiritismus) bilden den Gegenstand der Geheimwissenschaften. Auch für das Verständnis dieser ist jener Identitätsbeweis unerläßlich. Dieser Beweis aber, um gegen materialistische Einwendungen gesichert zu sein, läßt sich für skeptische Leser am zweckmäßigsten aus den erwähnten Erscheinungen führen, die dem Gebiete der Ästhetik und Technik angehören.

KOMMENTAR DES HERAUSGEBERS

1.

Das Wort Mystik gebraucht du Prel stets im Sinne von Okkultismus, während es in Wahrheit eine religiöse Methodik bezeichnet, nämlich das „Entsinken" in die Einheit mit Gott durch Abkehr von Außenwelt und Eigensein. Das Wort Mystik kommt von „myein" (griechisch): „die Augen schließen." Der Okkultismus jedoch, die Einweihung in das verborgene Wesen der Wirklichkeit und in die geheime Weisheit, öffnet die Augen.

2.

Heute, ein halbes Jahrhundert, nachdem du Prel diese Zeilen schrieb, sind es keineswegs nur die „Liebhaber der Weisheit" (um das griechische Wort Philosophen in einem gegenwärtig fast vorwurfsvoll wirkenden Sinne zu verdeutschen), die die Lösung des Menschenrätsels und der Schöpfungsgeheimnisse im Metaphysischen suchen, sondern die Physiker selber.

Seit der — insbesondere an die Namen Max Planck, Werner Heisenberg, Prinz Louis de Broglie, Carl Friedrich Freiherr von Weizsäcker und Pascual Jordan geknüpften — Wendung der Physik von ihren klassischen Formen und Normen (der „Makrophysik") zur Mikrophysik, seit diesem wichtigsten Wendepunkt im naturwissenschaftlichen Forschen und Finden der letzten Jahrzehnte, ist die Physik geradezu zur Pförtnerin der Metaphysik geworden. Der Ätherforscher und Nobelpreisträger Sir Oliver Lodge war — als einer der Pioniere des modernen physikalischen Denkens — überzeugter Spiritist, der theoretische Physiker Pascual Jordan tritt für die Tatsächlichkeit des Hellsehens in Raum und Zeit ein und veröffentlichte eine neue (der Gesamtheit der Tatsachen leider nur ungenügend gerechtwerdende) Theorie der parapsychischen Wahrnehmung.

3.

Sie ist sehr weitgehend auch eine Herzkrankheit!

4.

Nichtsdestoweniger gilt heute mehr denn je das Wort von Eugen Georg, das die Gesamt-Überschrift der astronomischen Darlegungen in seinem Werk „Der Mensch und das Geheimnis" bildet: „Die Sternenräume strotzen von Geheimnissen" (Safari Verlag, Berlin 1934).

5.

Nach seiner physiologischen Seite hin wird der Mensch sogar von Jahrzehnt zu Jahrzehnt immer weniger begreiflich. Zu du Prels Zeiten durfte man ihn in dieser Hinsicht noch für ein leidlich überblickbares Geschöpf halten. Heute, wo sich die wirklichkeitsgemäße Menschenkunde—unter Führung von Max Westenhöfer, Edgar Dacqué, Arnold Gehlen und einer Anzahl jüngerer Biologen und Mediziner, u.a. Heinrich Frieling und Alexander Mitscherlich — um 180 Grad gedreht hat, ist der Mensch auch in physiologischer Hinsicht „das unbekannte Wesen" geworden, um den Buchtitel des bekannten Werkes von Alexis Carrel zu zitieren (Deutsche Verlagsanstalt, Stuttgart o. J.). Vgl. auch Herbert Fritsche, „Der Erstgeborene; ein Bild des Menschen" (Suhrkamp Verlag vormals S. Fischer, Berlin-Frankfurt a. M., 4. Aufl. 1948).

6.
Als du Prel diese Sätze schrieb, begann die Seelenkunde gerade, einen Großteil des „ungenügend Erforschten" und der bis dahin übersehenen „entscheidenden Tatsachen" ins Blickfeld zu bekommen.

Die Psychoanalyse Freuds wurde aus hypnotischer Heilbehandlung (Breuers Psychokatharsis) entwickelt, ist also ein Kind der Hypnose, die ihrerseits ein Kind der Heilmethodik des Okkultisten Franz Anton Mesmer ist. Selbst der massive Materialismus ebenjenes Freud, dem wir dennoch den ersten Abstieg ins Reich der Mütter auf psychologischem Gebiet zu danken haben, bleibt — was Freud „verdrängte"! — dem Okkulten verpflichtet.

Kein Wunder, daß sich die moderneren Tiefenpsychologen, in erster Linie C. G. Jung, so gern und gründlich in okkulten Bereichen aufhalten: es ist ja der Heimatboden ihres Ursprungs, wenngleich sie zumeist bemüht sind, seine Weiten in die Enge ihres jeweiligen psychologischen Verständnisses einzugrenzen. So hält Jung z. B. Christus für einen autonomen seelischen Komplex im Unbewußten des Paulus, der vor Damaskus plötzlich ins Bewußtsein des Paulus explodierte, woraufhin Paulus (als der Saulus, der er soeben noch war) sich selbst in sein eigenes Unbewußtes zurückdrängte und von daher hysterische Blindheit erzeugte, „weil er sich als Christ nicht sehen konnte." Derartige Ungereimtheiten sind in weiten Kreisen der Psychotherapie gang und gäbe, obwohl fortgeschrittene Vertreter dieser Lehre (z. B. Walter Frederking, der sich und seinen Patienten mit Hilfe der Hellseh-Droge Meskalin Wege zur okkulten Wahrnehmung bahnt) nicht mehr umhin können, Jungs unzulässigen Panpsychismus zu sprengen.

7.

Zwei große deutsche Biologen haben das ausführlich nachgewiesen und philosophisch konkret faßbar gemacht. Jacob von Uexkülls „Umweltlehre" (die besser Eigenweltlehre heißen sollte) ist ganz der Erforschung der subjektiven Eigenwelten des Menschen und der Tiere gewidmet gewesen. Hans Driesch—einer der bedeutendsten für den Okkultismus eintretenden Universitätsprofessoren der jüngsten Vergangenheit (er war von Hause her Experimentalzoologe und lehrte später als Ordinarius für Philosophie in Leipzig) — ging noch einen Schritt weiter: Er sah die Sinnesorgane nicht mehr, wie sonst üblich, für Einfallstore der Weltwahrnehmung an, sondern für Ordnungs-Organe, die uns aus der Erlebnis- und Wahrnehmungsfülle des universellen Hellsehens dasjenige herausgrenzen, was uns für unseren exoterischen Alltag gemäß ist. Der Mensch ist demnach anlagegemäß, potentiell ein Allseher, aber seine Sinnesorgane beschneiden dieses Allsehen (und Allhören, Allfühlen usw.) für den Hausgebrauch in der Wohnung Welt.

8.

So ist denn in der Tat der Materialismus seit Jahrzehnten als „Philosophie", als ernsthafte „Wissenschaft" und dergl. gar nicht mehr in der Diskussion. Aber von der brutalen Praxis abzurücken, die er bis heute an der Herrschaft erhalten hat, und die sich durch Trümmer gigantischen Ausmaßes manifestiert — in allen Ländern und in fast jeder Hinsicht —, davon scheinen die für das Denken der

Menschen verantwortlichen „Geistesführer" durch Gründe abgehalten zu werden, die mit Wissenschaft nichts zu tun haben.

9.

Gern greift du Prel auf Kant zurück. Dem Leser wird es vielleicht nützlich sein, zu erfahren, daß sich in engstem Anschluß an Kant eine von dem strengen Kantianer Ernst Marcus ausgehende Lehre der Magie entwickelt hat, die ihren Niederschlag in dem von Ernst Marcus und Samuel Friedländer (Mynona) verfaßten „Katechismus der Magie", Verlag Paul Steegemann, Hannover o. J., gefunden hat. Daß Kant selbst in Fragen der forschenden Metaphysik unehrlich, ja unehrenhaft vorgehen konnte, wies u. a. Prof. Dr. Ernst Benz in seinem Werk „Swedenborg in Deutschland; F.C. Oetingers und Immanuel Kants Auseinandersetzung mit der Person und Lehre Emanuel Swedenborgs" ausführlich nach (Verlag Vittorio Klostermann, Frankfurt a. M. 1947).

10.

Die kürzeste, lichtvollste und wohl brauchbarste Skizze einer solchen, okkult fundierten und ausgebauten Psychologie lieferte C. W. Leadbeater mit seinem Aufsatz „Die Seele und ihre Hüllen", in deutscher Sprache veröffentlicht in der von mir herausgegebenen Schriftenreihe „Merlin", Folge 2, Axel Springer Verlag, Hamburg 1949.

11.

Hierzu vgl. die Anmerkung Nr. 9.

12.

Dr. Carl du Prel, „Kants Vorlesungen über Psychologie", Leipzig 1889.

13.

Swedenborg ist weit mehr als nur ein „Geisterseher"; er, den Goethe den „gewürdigten Seher unserer Zeiten", Balzac den „Buddha des Nordens" nannte und der die Besten der späteren Generationen tief beeinflußte, war universaler Theosoph und überdies ein Naturforscher und Techniker von Rang. Vgl. Prof. Dr. Ernst Benz, „Swedenborg; Naturforscher und Seher", Verlag Hermann Rinn, München 1948, und Dr. Herbert Fritsche, „August Strindbergs Erweckung durch Emanuel Swedenborg", Richard Hummel Verlag, Leipzig 1940.

14.

Bei du Prel steht 150 bezw. 50 bezw. 40 Jahre. Zu seiner Zeit waren Somnambulismus und Hypnotismus noch im Kampf um ihre Anerkennung, der Spiritismus aber in akademischen Kreisen eine Absurdität. Heute befindet sich die Schulwissenschaft — ob sie es zugeben will oder nicht — in der Defensive den Grenzwissenschaften gegenüber. Die Jugend wäre den ewig-vorgestrigen Universitäten längst davongelaufen, hätten diese nicht das Prüfungs- und mithin das berufliche Zulassungs-Monopol. Der etwas unmodern gewordene Triumphwagen der Minerva wird gegenwärtig von einem — Amtsschimmel gezogen.

15.

Diese Schopenhauer und Eduard von Hartmann — dem Verfasser der „Philosophie des Unbewußten" — gewidmeten Darlegungen sind heute nur noch von historischer Bedeutung. Die Philosophie ist seitdem wesentlich weitergekommen.

16.

Man denke nun gar erst an die Analogie, die sich

durch die während der Lebzeiten du Prels noch unbekannte Erfindung des Rundfunks zur Telepathie und zur außersinnlichen Wahrnehmung ergibt!

17.

Inzwischen haben wir auch technisch Flügel erlangt; die Quittung dafür liefert der Anblick unserer Trümmerstädte.

18.

Vgl. die Anmerkung Nr. 16.

19.

Seither hat sich das geändert. Gerade Biologen waren es, die einer transzendental ergänzten und richtiggestellten Wissenschaft weithin zum Sieg verhalfen. Alle diese Männer standen auch zum Okkultismus positiv, so z. B. Edgar Dacqué, der Erforscher des Vorweltlebens, Hans Driesch, dessen neapolitanische Versuche mit durchschnürten Seeigel-Eiern den Materialismus und Mechanismus in der Biologie endgültig widerlegten, Jacob von Uexküll, dessen „Umweltlehre" tief ins Metaphysische führte —, Zoologen wie Gruber (München), Deegener, Zimmer und Christoph Schröder (Berlin) sowie Carl Camillo Schneider (Wien) waren bezw. sind forschende Okkultisten, und auch der Herausgeber dieses Büchleins ist von Hause her Zoologe und wurde auf seinem vom Hitler-Staat ausgestellten Schutzhaft-Befehl als „Wortführer einer okkultistisch ausgerichteten, die Rassenkunde zersetzenden Biologie" charakterisiert.

20.

Hierzu vgl. Ludwig Mayer, „Das Verbrechen in Hypnose", I. F. Lehmanns Verlag, München 1937.

21.

Auch der modernen Tiefenpsychologie ist bekannt,

daß der träumende Kranke oft—im diagnostischen und im prognostischen Sinne — seine Genesung träumt; vgl. dazu C. G. Jung, „Wirklichkeit der Seele", Rascher Verlag, Zürich 1939, und Poul Bjerre, „Das Träumen als Heilungsweg der Seele", ebdt. 1936.

22.

Das hat sich inzwischen erheblich geändert, seit einige Universitätsprofessoren wie der Amerikaner J. B. Rhine (Duke-Universität, Durham, North-Carolina, USA) und die Deutschen Hans Bender (Freiburg i. B.) und Pascual Jordan (Hamburg) die außersinnliche Wahrnehmung bezw. das Hellsehen in Zeit und Raum als tatsächlich anerkennen und erforschen. Immerhin sind es „weiße Raben" und weit zurück hinter dem, was die — jahrhundertelang akademisch nicht hoffähigen — Okkultisten eigenen Wuchses längst kannten und erkannten.

23.

Heute erst recht!

24.

Sinngemäß verdeutscht: „Als Gott die Gehirne schuf, hat er sich damit in gar keiner Weise verpflichtet, für deren Leistungen eine generelle Garantie zu übernehmen."

25.

Seit er sich in den Mikrokosmos vergafft, ist ein Psychologismus Mode geworden, der sich selbst auf die Biologie zurückführt (C. G. Jung, Pascual Jordan) und letztlich, wenn man tief genug fahndet, auch nicht weiter reicht als bis zur Vererbungslehre und zur Stammesgeschichte, diesen beiden Tummelplätzen „jener merkwürdig scharfsinnigen Form von Schwachsinn, die man die wissenschaftliche Weltanschauung nennt" (Egon Friedell).

26.

In seiner eigenen Fußnote zitiert hier du Prel Max Dessoirs Schrift „Das Doppel-Ich". Dessoir, der erst unlängst hochbetagt starb und als „letzte Worte" eine Schrift über das Mausetotsein des Menschen nach dem Tode herausgab, war einer der peinlichsten unglücklichen Liebhaber des Okkulten, die uns je beschert wurden. Universitätsprofessor, Ästhet und Journalist, nicht ohne Charme und Witz, aber ohne Tiefe, las er Kollegs über Parapsychologie und schrieb dicke Bücher über okkulte Probleme, ohne je zu anderen Resultaten als zu einer selbstgefälligen Negation zu gelangen. Unfruchtbar blieb ihm die Metaphysik und blieb er ihr — aber diese Unfruchtbarkeit füllte sein mit einem Bekenntnis zur Vernichtung kümmerlich genug gekröntes Leben.

27.

Claude de Saint Martin, 1743—1803, nannte sich selbst „der unbekannte Philosoph" und wurde, nach kurzer Zeit der inneren Abhängigkeit von Swedenborg, Jakob Böhmes tiefster okkulter Interpret in Frankreich. Sein Einweihungswissen wirkte weit, u. a. auch auf zahlreiche bedeutende Deutsche. Matthias Claudius und der romantische Naturphilosoph Gotthilf Heinrich von Schubert übersetzten seine Werke, Franz von Baader bevorwortete sie. In Frankreich gründete sich aus seiner Anhängerschaft der Martinisten-Orden, aus dem so bedeutende Okkultisten — insbesondere der magischen Richtung — wie Eliphas Levi (Abbé Alphonse Louis Constant) und Papus (Dr. Gérard Encausse) hervorgingen.

28.

Sinngemäß verdeutscht: „Die Art und Weise, wie unsere Leiber und der Geist zusammenhängen, ist uns zwar unfaßlich, aber dennoch ergibt sich erst aus diesem Mysterium der wirkliche Mensch."

29.

„Wie schlimm für Gott, wenn ich ihm ähnlich bin!"

30.

Johann Baptist van Helmont, 1577 — 1644, war Paracelsist und führte — später in Gemeinschaft mit seinem Sohne Mercurius—das alchymistische Denken zu einer Theosophie des Wiedergeburtsprozesses vorwärts, die noch nichts von ihrer okkulten Aktualität verloren hat.

Heinrich Cornelius Agrippa von Nettesheim, 1486—1535, darf als der erste Systematiker der abendländischen Magie gelten. Sein Hauptwerk „De philosophia occulta" erschien 1510 in Köln. Er gehört zu den Urbildern des faustischen Menschen, führte auch einen schwarzen Pudel (namens Monsieur) mit sich, in dem das Volk den Teufel erblickte—und kannte nichts Schöneres als die Provokation theologischen und akademischen Zornes (letzteres mit seinem Buch „Über die Eitelkeit und Unzuverlässigkeit der Wissenschaften").

Noch heute ist Agrippas „Okkulte Philosophie" — neben Eliphas Levis „Dogma und Ritual der hohen Magie" und Aleister Crowleys „Buch 4", Teil 2 und 3 — das grundlegende Werk der magischen Praxis.

31.

In diesem Sinne ist auch das feine, nicht nur für den

indischen Yoga, sondern für jegliche echte Mystik zutreffende Wort des Indologen Heinrich Zimmer zu verstehen: „Yoga ist Aufhebung des Gewahrwerdens zugunsten des Innewerdens."

32.

Hier verwischt du Prel die Begriffe. Magie als solche—nämlich Veränderung des Irdischen mit Hilfe übersinnlicher Kräfte — ist weder schwarz noch weiß, sondern indifferent im Hinblick auf ethische Qualitäten; schwarz oder weiß kann nur der Magier sein, der sich der Magie — je nachdem — zu solchen Zwecken bedient, die dem Weltenziel und seinem eigenen Werdeziel zuwiderlaufen, oder zu solchen, die beidem förderlich sind.

Das gilt auch vom animalischen Magnetismus, der nur dann „weiß" gehandhabt wird, wenn er Heilungen dient, aber auch „schwarz" (im Sinne des Verbrechens in der Hypnose) praktiziert werden kann.

Die religiöse Mystik hat mit Magie überhaupt nichts zu tun. Mystik will nicht das Irdische verändern, sondern ihm entgleiten ins Außerkosmische, ins Nirvana („Entsinkung ins Weiselose").

In gewisser Weise sind Magie und Mystik Tendenz-Gegensätze; nur benötigt der Magier zuweilen mystische Phasen, wie der Wachende die Phasen des Schlafes benötigt.

33.

Spiritist bedeutet — man kann es nicht oft genug betonen—keineswegs „Geisterbefrager", sondern Kenner und Anerkenner einer Fortexistenz des Menschengeistes über die Todesschwelle hinaus.

Ähnlich bedeutet Medium nicht ohne weiteres Trance-Medium, d. h. bewußtseinsvermindertes

Sprachrohr jenseitiger Wesenheiten, sondern: mittlerischer Mensch. Solches Mittlertum für Jenseitiges reicht vom Trance-Medium bis zum Apostel Paulus, vom Yogi im Samadhi-Zustand bis zum wachbewußten Hellseher.

34.

Es sei hier angemerkt, daß der Herausgeber sowohl Doppelgänger — bei hellem Tageslicht und unter Zeugen—als auch Geister Verstorbener (diese freilich nicht als Voll-, sondern nur als Teil-Materialisationen oder in Form von Kundgebungen) wahrzunehmen Gelegenheit hatte.

35.

Karl Ernst von Baer, „Reden, gehalten in naturwissenschaftlichen Versammlungen", Band I.

36.

Derartige Verwischungen und gegenseitige Vertretungen der Sinnesorgane kommen tatsächlich vor, z. B. unter Einwirkung des im südamerikanischen Peyotl-Pilz enthaltenen Rauschgiftes Mescalin, das auch Hellsehen hervorruft. Vgl. das Buch des Pharmakologen V. Reko, „Magische Gifte", Verlag Ferdinand Enke, Stuttgart 1936; ferner die Darstellungen von Gustav Schenk in seinem Buche „Schatten der Nacht", Adolf Sponholtz Verlag, Hannover 1939, sowie den Aufsatz „Über die Tiefenentspannung und das Bildern" von Walter Frederking, „Psyche" 1948, Heft 2 (Verlag Lambert Schneider, Heidelberg).

37.

Ludwig Büchner, 1824 — 1899, gehört neben Jakob Moleschott und Carl Vogt zu den massivsten Begründern der materialistischen Weltanschauung im Abendland. Alle drei waren Deutsche; Deutschland ist nicht nur das Land der Schwarmgeister und Idealisten.

Da die Überwelt — die die Welt der Ursachen ist —auch Humor hat (was ihre oft chronisch humorlosen Erforscher zumeist nicht wahrnehmen), leistete sich das Schicksal mit Büchner folgenden Witz: In Amerika hatte das völlig ungebildete Medium Hudson Tuttle, ein schlichter Farmer, vom Jenseits her ein Buch diktiert bekommen: „Geschichte und Gesetze des Schöpfungsvorganges", das 1860 von einem Dr. Aschenbrenner ins Deutsche übersetzt worden war. Inhalt und Form gingen weit über die Verständnismöglichkeiten und Bildungsvoraussetzungen des Mediums Tuttle hinaus. Nun kam die deutsche Übersetzung dem Professor Büchner in die Hände, der natürlich keine Ahnung von der okkulten Entstehung des Werkes hatte. Er war davon derart begeistert (offenbar hatte es der Geist eines materialistischen Gelehrten diktiert), daß er anläßlich einer Amerika-Reise den Farmer Tuttle in Cleveland besuchte und baß erstaunt war, nun keinem Akademiker, sondern einem Bauern zu begegnen. Tuttle, selbstverständlich überzeugter Spiritist, fragte Prof. Büchner, wie er als Materialist denn dazu komme, sein ihm von den Geistern diktiertes Werk zu rühmen und zustimmend zu zitieren. Büchner kam ins Stottern—und als ihm Tuttle überdies noch erklärte, daß die von Büchner besonders laut rühmend hervorgehobenen Stellen nach Tagen körperlicher Strapazen niedergeschrieben worden seien — eben durch höhere Kräfte als die der Kalorien —, meinte Büchner, Tuttle habe immerhin einen recht großen Kopf und müsse dergleichen vermutlich einmal irgendwo gehört oder gelesen haben. Die Heiterkeit „hinter dem Vorhang" kann sich der Leser leicht ausmalen.

38.

Mißverständlicherweise spricht du Prel von „Gespenstern", wo zunächst nur von Wesenheiten persönlichen Gepräges ohne Besitz eines physischen Leibes die Rede ist.
Verstorbene Menschen, die sich irdisch kundtun, sollte man „Exkarnierte" (d. h. aus der Fleischeshülle Geschlüpfte) nennen, so wie die Menschen im Erdenleben „Inkarnierte" heißen.
Unter den Jenseitigen gibt es aber auch noch Wesenheiten, die niemals Mensch waren: Engel und Dämonen (um sie im Sprachgebrauch der Theologie zu benennen), ferner Elementargeister, außerdem Wesen von so gewaltiger Majestät, daß man sie „Götter" nennen darf.
Der Ausdruck „Gespenster" sollte reinen Spukphänomenen vorbehalten bleiben, d. h. erdgebundenen Jenseitigen, deren metaphysische Unstimmigkeit — denn der normale Jenseitige ist eben n i c h t erdgebunden und zu Spukhandlungen gezwungen — von irdisch lebenden Menschen als unheimlich und furchterregend empfunden wird.

39.

Trifft heute nicht mehr zu! Um 1940 rief anläßlich einer Erörterung über die Abendmahlsnot in der evangelischen Kirche ein junger Physiker einem Theologieprofessor — der bei einer Wiedereinführung des Mysteriums der Wandlung in den evangelischen Gottesdienst das Aufkommen eines neuen Wunderglaubens befürchtete — den bezeichnenden Satz zu: „Mit den Wundern haben wir

Physiker heute keine Schwierigkeiten mehr, nur noch ihr Theologen!"

40.

Sinngemäß verdeutscht: „Man begreife doch, daß wir zwei, von der Natur in ein einziges Gewand gesteckte Personen sind!"

41.

Um diese Sätze richtig werten zu können, muß man wissen, daß zur Zeit du Prels, in den achtziger und neunziger Jahren des vergangenen Jahrhunderts, Kant der allgemein anerkannte und bewunderte Grenzpolizist der Erkenntnis war, mit dessen Hilfe man jeglichen Okkultismus als ein Ding der Unmöglichkeit von vornherein abzutun pflegte. Heute ist uns die Frage, ob sich ein Wissen um den transzendentalen Menschen auch durch Kant-Zitate kanonisieren läßt, nicht mehr so wichtig. Die Zeiten, in denen alle akademischen Gehirne erst dadurch ihre letzte Weihe der — Beschränktheit erhalten zu haben glaubten, daß sie sich durch die Eismaschine der „drei Kritiken" des großen Königsbergers würgten, sind zugunsten lebendiger Lebensphilosophie gottlob überwunden.

42.

Daß tatsächlich die Hand in gewisser Weise das wichtigste Organ der Menschwerdung gewesen ist, kann die moderne Anthropologie (Max Westenhöfer) nachweisen. Wenn Arnold Gehlen in seiner philosophischen Anthropologie „Der Mensch", Berlin 1940, den Menschen als das handelnde Wesen definiert, so darf auch an den Zusammenhang von Hand und Handeln erinnert werden. Näheres vgl. Herbert Fritsche, „Der Erstgeborene",

Suhrkamp Verlag vormals S. Fischer, Berlin, 4. Auflage 1948.

43.

Auf solchem Wissen um die Selbstbestimmtheit unseres Seins — die wiederum nicht ursachlos zustandekommt, sondern sich aus der Ernte früherer Lebensrunden ergibt — beruht alle wirklichkeitsgerechte Schicksalskunde. Hätte der Okkultismus kein anderes Verdienst, als eine solche zu ermöglichen: schon dies stellte ihn an die Spitze des Wissenswerten! Daß Eltern in der Tat immer nur Adoptiveltern sind, muß jedem unbefangenen Beobachter auch ohne okkultes Wissen einleuchten, wenn er z. B. die Wesensverschiedenheit von Geschwistern, oder die vollkommene Unbegreiflichkeit des Auftauchens von Genies in unbedeutenden oder von Verbrechern in ehrenhaften Familien wahrnimmt. In der Zeit der Schreckensherrschaft der Vererbungslehre — als man den Menschen vom Keimplasma der Eltern her verstehen wollte und eine kümmerliche Wissenschaft mit Hilfe von Rassen-Ausrottungen, Ermordung Geisteskranker, Ehe-Verboten und Kuhstall-Maßnahmen zu einer Tyrannin machte — wurde alles Okkulte denn auch staatspolizeilich verfolgt und zu vernichten gesucht. Die auf den Menschen angewendete Vererbungslehre der Zoologen ist tatsächlich das erste Wissenschaftsgespenst, das sich in Nichts auflöst, sobald man okkulte Einsichten gewinnt.

44.

Dieser Folgerung braucht sich nicht jeder Okkultist anzuschließen, oder gar — in überspitzter Folgerung — anzunehmen, der gesamte Kosmos mit all seinen Sternen-Ozeanen, Schöpfungswundern und

Schicksalswegen sei entweder nur eine metaphysische Strafanstalt oder eine einzige „Versuchung des heiligen Antonius"; jedenfalls diene er in jedem Falle — auch wenn man ihn als „Schule" versteht — zur Vorbereitung auf Besseres: in der Strafanstalt, wenn man sich „gut führt", in der Versuchung, wenn man sich nicht von der „eitlen Weltlust" verlocken und in sie hineinziehen läßt, und in der Schule, wenn man sein Pensum lernt. Bereits die letzte Sichtweise legt nahe, daß man vielleicht der beste und verständnisvollste Schüler sei, wenn man die Weltenwirklichkeiten voll ausschöpfe.
Aber tiefer als all das schaut jene Geheimlehre, die den Kosmos erschaffen sein läßt um der Geister willen, die — jeder ein Funke Gottessubstanz in Hüllen — darin Freiheit erlangen und solche Erfahrungen, welche „Gott in Gott", der unaussagbare Deus absconditus, nie auf andere Weise erwerben könnte als durch Versprühung seines Seins in eine Welt. Die freie Heimkehr der Geister — in freiwilliger Liebe und nicht mit leeren Händen — zum Liebes-Urquell wäre dann die letzte Erfüllung des Sinns der Welt. Wer hingegen die Weltenwirklichkeiten lediglich „zur Vorbereitung auf das Jenseits benützt", betröge Gott um diesen Sinn.

45.

Das Problem des Todes ist heute in der Tat gelöst, aber man darf sich nicht dem Optimismus hingeben, die offizielle Wissenschaft nehme diese Lösung auch zur Kenntnis. So hat z. B. das bereits mehrfach genannte, 1936 und 1939 erschienene, dreibändige Werk „Das persönliche Überleben des Todes; eine Darstellung der Erfahrungsbeweise" von Dr. Emil Mattiesen keineswegs etwa eine wissenschaftliche

Revolution in Theorie und Praxis hervorgerufen. Nicht einmal die Theologen kümmerten sich darum — in der unbegreiflichen, aber üblichen Eifersucht, es könne dem „Glauben" etwas verlorengehen, wenn das Wissen an seine Stelle tritt.

46.

Alexander N. Aksakow, „Animismus und Spiritismus", in deutscher Sprache, Verlag Oswald Mutze, Leipzig; 2 Bände. Vor Mattiesen das klassische Beweiswerk des Spiritismus.

47.

Darin gleicht ihm gegenwärtig Prof. Pascual Jordan, der auch bereits kurz nach Kenntnis und Anerkenntnis der parapsychischen Phänomene 1947 eine ihnen gewidmete, vollkommen unzureichende und nur Bruchteile der Gesamttatsachen berücksichtigende Theorie aufstellte. Man mag zugeben, daß es Professoren schwerfällt, sich ausdauernd und treu als Schüler zu verpönten Außenseitern zu setzen — aber vorschnelle Anmaßung eines Lehramtes auf noch nicht genügend selbsterforschtem Gebiet führt immer nur zur Demonstration der eigenen Inkompetenz.

48.

Gegen Ende seines Lebens hatte sich Lombroso nicht nur zur Anerkenntnis der spiritistischen Theorie durchgerungen, sondern sie auch in Bekenntnisform gefaßt.

49.

Vgl. Justinus Kerner, „Die Seherin von Prevorst; Eröffnungen über das innere Leben des Menschen und über das Hereinragen einer Geisterwelt in die unsere", herausgegeben von Dr. Carl du Prel.

Reclams Universal-Bibliothek Nr. 3316 — 3320, Verlag Philipp Reclam jun., Leipzig o. J.

50.

Das Wort „sogar homöopathische" ist — was das „sogar" betrifft—hier sinnwidrig, denn die hochpotenzierten homöopathischen Arzneien wirken nicht auf den physischen, sondern unmittelbar auf den ätherischen Leib, weshalb Somnambulen und Sensitive auf solche Medikamente mit wesentlich deutlicherer Wahrnehmung reagieren als auf die üblichen grobstofflichen Medikamente. Vgl. Herbert Fritsche, „Hahnemann; die Idee der Homöopathie", Suhrkamp Verlag vorm. S. Fischer, Berlin 1944.

51.

Franz von Baader, 1765 — 1841, der von Jakob Böhme abhängige katholische Philosoph, vertrat wie Böhme selber und wie Friedrich Christoph Oetinger die Anschauung, daß die Leiblichkeit das Ausgestaltete, ein letztes Gottesgeheimnis von hohem metaphysischem Rang sei.

52.

Es ist hier die Spätschrift Kants, die er dem Arzt Hufeland widmete, gemeint: „Von der Macht des Gemüts, durch den bloßen Vorsatz seiner krankhaften Gefühle Meister zu sein", Neuausgabe von K. O. Schmidt, Johannes Baum Verlag, Pfullingen (Wttbg.) o. J.

Auch hier tut du Prel Kant zu viel Ehre an: nicht die heilsame Auswirkung von in die Tiefenperson hinabgesandten Autosuggestionen entdeckte Kant, sondern — auch darin seinem stramm preußischen „kategorischen Imperativ" getreu — die Macht des „bloßen Vorsatzes", die massive Kunst des „Sich-gefälligst-Zusammennehmens".

53.

Diese psychische Kurmethode ist heute mannigfach ausgebaut, wie du Prel es richtig voraussah; z. B. im „autogenen Training", das sein Urheber I. H. Schultz aus altindischen Yoga-Methoden kombinierte; vgl. I. H. Schultz, „Das autogene Training", Verlag Georg Thieme, Leipzig, 4. Auflage 1940.

54.

Vgl. Herbert Fritsche, „Sinn und Geheimnis des Jahreslaufs", Karl Rauch Verlag, Boppard (Rhein) 1949: „. . . da das Menschenleben die Einweihung eines Geistes in die Mysterien des Irdischen bedeutet . . ."

55.

Zu du Prels Zeiten wurden Äther- und Astralleib noch nicht klar unterschieden. Der Äther- oder Bildekräfteleib ist das Vehikel des Bios, der Astralleib das Vehikel der Emotionen. Mit Hilfe des Ätherleibes formen und erhalten wir unsere Leibesgestalt, er bleibt zeitlebens unserem physischen Leibe — der sonst ein Leichnam wäre — eingefügt, auch im Schlaf, während welcher Zeit der Astralleib austritt. Nach dem Tode löst sich der — dem physischen Leib ähnliche — Ätherleib relativ rasch auf, der Astralleib jedoch verliert allmählich seine (zu Lebzeiten vom Ätherleib geprägte) Ähnlichkeit mit dem physischen Leibe — der ja ebenfalls sein Formgepräge dem Ätherleib verdankt — und wird Wesensausdruck. Daher die Vorstellungen des Volkes von einem Jenseits voller Mißgestalten (Teufel mit Hörnern, Ziegenfüßen, Schweinerüsseln und dgl.). Näheres vgl. C. W. Leadbeater, „Die Astral-

Ebene", Th. Griebens Verlag (L. Fernau), Leipzig o. J.

56.

Was die Prüfungstechnik betrifft, hat sonst nur noch die Kriminalistik so durchgearbeitete, maximal-mißtrauische Methoden wie der kritische Experimental-Okkultismus. Hiergegen wäre gar nichts einzuwenden, wenn diese Prüfungstechnik nicht von vornherein so augenfällig von dem Wunsche beherrscht wäre, um jeden Preis nichts Richtiges am Okkultismus gelten zu lassen.

57.

Okkulte Phänomene Lebender sollte man besser nicht als Spuk bezeichnen.

58.

Der Somnambule unterscheidet sich vom Initiaten, vom Eingeweihten dadurch, daß dieser vollwach unter dem Einfluß, d. h. im Kontakt mit seinem obersten Seinsprinzip steht, während jener oft nur den Einfluß seines Astralwesens erleidet, also zwar im Okkulten, aber nicht ohne weiteres im Licht der Erleuchtung lebt.

59.

Hierzu vgl. die Problematik des okkulten Romans „Der Golem" von Gustav Meyrink, Kurt Wolff Verlag, Leipzig 1915.

60.

Schon hier auf Erden sind wir auch im rein biologischen Sinne primär „Geist", denn der Stoff wird unaufhörlich durch uns hindurchgewechselt, „alles fließt", das Leben ist Stoffwechsel, unser physischer Leib stellt kein Ding, sondern ein Geschehnis dar. Hört dieses Hindurchgleiten der Stoffe durch ihn auf, so ist er Leichnam; dann zersetzt er sich. Was ihn „in Form hielt" und die wechselnden Stoffe durch ihn hindurchdirigierte, war ein nichtstoffliches Prinzip.

61.
Da der Eingeweihte diejenigen Erkenntnisumstellungen, die sonst der Tod mit sich bringt — der Tod ist eine Art Zwangseinweihung für jedermann—, bereits im Erdenleben vollzieht, kann ihm auch dieses Erdenleben zur „Seligkeit" werden.

62.
Obwohl die gegenwärtige Psychologie das Wesentliche und Wirksame der Seele tatsächlich weitgehend im Nicht-, im Unbewußten sucht, hat sie dennoch nicht — wie du Prel es erhoffte — spiritistische Anschauungen in sich aufgenommen, sondern gefällt sich in panpsychistisch fundierten Verneinungen einer objektiven jenseitigen Realität, so z. B. insbesondere C. G. Jung, der es als seine Aufgabe bezeichnet, „den metaphysischen Anspruch aller Geheimlehren ohne Gnade bei Seite zu schieben" (so wörtlich in seinem Kommentar zu dem von Richard Wilhelm herausgegebenen chinesischen Yoga-Buch „Das Geheimnis der goldenen Blüte", Verlag Rascher, Zürich 1939).

63.
Eine bis ins naturwissenschaftliche Detail berechtigte Exegese! Vgl. mein bereits mehrfach genanntes, ganz diesem Thema gewidmetes Buch „Der Erstgeborene".

64.
Verändern wir — im Sinne der okkulten Schulung — diese Empfindungsschwelle schon bei Lebzeiten, so wird sie zur Offenbarungsschwelle.

65.

Wir würden heute sagen: Zu einer das Ganze verstehenden Menschenkunde gehören:
der Spiritismus (als das Wissen um die den Tod überlebenden Wesensprinzipien),
die Psychologie des Unbewußten (und seiner okkulten Möglichkeiten, d. h. die Parapsychologie) und ferner
die Biologie.
Da aber der Materialismus weder Bios (Leben), noch Psyche (Seele), noch „Spirit" (Geist) kennt, sondern nur Stoff, weiß er vom Menschen nichts.

66.

Das ist und bleibt Theorie und Praxis aller totalitären Systeme, daher kommt ihnen der Materialismus als Staatsphilosophie (meist idealistisch maskiert) so gelegen; nur aus diesem Grunde auch hat er seinen Fortbestand; schon längst stützt er sich nicht mehr auf Argumente, sondern auf Berufsentlassungen, Konzentrationslager und Genickschüsse — ohne freilich damit jemals den Geist töten zu können.

67.

Die ins All versprühten Gottfunken bereichern durch ihre Werdewege die Gottheit.

68.

„Unsere Nachkommen", „auf die sich unsere Anlagen übertragen", sind nicht unsere Kinder und Kindeskinder, wie du Prel hier meint, obwohl er weiter oben sehr richtig sagte, Eltern seien stets nur Adoptiveltern, sondern wir selber sind, okkult gesehen, in künftigen neuen Runden des Seins diese unsere Nachkommen und Erben. Nur diese Vererbung ist wichtig, die lediglich biologische hingegen ist umstritten, unüberblickbar und zudem nur für Pflanzen- und Tierzüchter von einigem Wert.

69.

Schelling, „Clara oder über den Zusammenhang der Natur mit der Geisterwelt", Neuausgabe von Ludwig Kuhlenbeck im Verlag Philipp Reclam jun., Leipzig o. J. — eine unter Swedenborgs und Oetingers Einfluß entstandene, durch den Tod der geliebten Lebensgefährtin Caroline, einer der wundervollsten Frauen des Abendlandes, veranlaßte fragmentarische Betrachtung in Dialogform.

70.

Wo du Prel die Worte „Moral" oder „moralisch" gebraucht, meint er nicht das, was „Sitte" oder „sittlich" ist—„mores" heißt „die Sitten"—, sondern etwas, was in Verantwortungsbeziehung zu einem göttlichen Werdeziel steht. „Sittliches" ist Übereinkunft oder Gewohnheit; Verantwortungsbeziehung zu einem Göttlichen hingegen umfaßt die einzige wesenswürdige Situation eines Geschöpfes im All: die seines Ich zu sich selbst („Werde, der du bist!"), zum Jetzt und Hier als dem Acker künftiger Ernten, zum Du (Mysterium des Eros) und zu Gott, dessen Wille sich in Welten und Weltenzielen offenbart, die weder ohne ihn noch ohne uns erreicht werden können.

71.

Jedoch schon du Prels obiger Hinweis auf Schelling zeigt, daß „Materialität" im tiefsten und letzten Sinne nicht lediglich dazu vorhanden sein dürfte, um schließlich wieder spurlos vernichtet, sondern um *erfüllt*, um transparent für das Transzendente und um dessen gültiger Ausdruck zu werden. Oetingers Wort: „Leiblichkeit ist das Ende der Wege Gottes" weist darauf hin, daß Materia (Muttergrund, von „mater", die Mutter) auf Schwängerung und Gebärung wartet, daß das aus ihr Geborene unter anderem auch „Fleisch von ihrem Fleisch" sein wird und nicht nur etwas in konturlose „Geistigkeit" Entlassenes.

72.
Sinngemäß verdeutscht: „Wollen Schwachköpfe Fehler meiden, so rasen sie ins gerade so fehlerhafte Gegenteil."

73.
Ähnliches gilt vom modernen Existentialismus Heideggerscher Prägung. Mit Recht nennt Kurt Hiller den Philosophen Heidegger einen „Clown des Nichts"; er ist ein elegischer, aber kein tragischer Clown.

74.
Dr. med. Albert Moll hat du Prel um Jahrzehnte überlebt und ermüdete während dieser Jahrzehnte nicht, als eintöniger Apostel der Verneinung alles Okkulten immer wieder dieselben Redensarten mündlich und schriftlich pausenlos zu verbreiten — ähnlich wie es Robert Henseling im Hinblick auf die Astrologie tut.
Der Geisteszustand von Menschen, die nichts zu sagen haben und dieses Nichts dennoch bis zum Überdruß—außer ihrem eigenen, welcher nie eintritt — lebenslänglich in immer wieder dieselben Worte kleiden, ist gerade so unbegreiflich wie diesen Menschen das Okkulte.

75.
Zu deutsch: „Übrigens meine ich . . ."

76.

Bis zur Hälfte dieses 20. Jahrhunderts ist vor allem bewiesen worden, wie tief wir *unter* unser Selbstbewußtsein *hinabreichen*: zur Tiefenpsychologie muß sich — was die offizielle Forschung betrifft — eine Höhenpsychologie erst noch hinzugesellen.

77.

Der Zoologe (speziell Tiergeograph) A. R. Wallace, erster Mitarbeiter Charles Darwins, aber im Gegensatz zu diesem Spiritist und Verfasser tiefgründiger Bücher über die okkulten Wirklichkeiten.

Darwin wurde volkstümlich; seine Lehre von der Entstehung der Arten durch Zufall und Massenmord setzte sich durch, sein Apostel Ernst Hæckel bescherte uns den Gorilla als Urgroßvater der Menschheit (dann wieder den Schimpansen, andere Forscher tippen auf den Gibbon, wieder andere auf den Orang-Utan).

Der massivste Prediger der Affenabstammung unter den modernen Verkäufern des Menschen an die Zoologie, Hans Weinert, plädiert für eine eiszeitliche Vorform des Schimpansen, deren Menschwerdung er während der nationalsozialistischen Jahre sich beeilte, vom bis dahin so beliebten Hochasien nach dem germanischen Norden zu verlegen. — A. R. Wallace hingegen wurde nur kleinsten Kreisen bekannt. Die Anschauungen Darwins haben sich inzwischen weithin ausgewirkt —: es wird Zeit, daß sich auch die von Wallace einmal auszuwirken beginnen!

78.

Tatsächlich pflegt der Mensch, wenn er posthypnotisch wirksame Befehle ausführt, sein Tun zu „rationalisieren", d. h. sich vom Verstand her ganz andere Motive zurechtzumachen, als sie tatsächlich vorliegen; die Einsicht ins Tatsächliche ist ihm in solchen Fällen durch die Erinnerungssperre nicht möglich.

79.

Lazar Baron Hellenbach (1827—1887) wurde besonders durch sein Werk „Geburt und Tod als Wechsel der Anschauungsform" (1885; Neuausgabe 1925 im Verlag O. Mutze, Leipzig) bekannt, ferner durch seine Studien über die Magie der Zahlen. Schopenhauers Aufsatz findet sich in „Parerga und Paralipomena".

80.

Tatsächlich begegnen wir auch in unserem Schicksal immer nur uns selbst. Die göttliche Letztinstanz unseres Wesens, der ewige Individualitätsfunke, der unaustauschbar und ein Original aus Gottes Werkstatt ist, erbrütet gleichsam vorgeburtlich— ehe wir uns einhüllen in Mentalität, Astralität und physische, von Lebenskräften durchflutete und gestaltete Leiblichkeit — das Rechte, das uns schicksalsmäßig zukommt. Sind die irdischen Umstände dafür günstig, d. h. ist das uns gemäße Elternpaar vorhanden und bergen die Zeitläufte in ihrem Schoß die Möglichkeit, die ein Realisieren des uns zugemessenen Schicksals gewährleisten, dann, erst dann steht das Portal für unsere Verkörperung offen.

Weil das so ist, leitet uns die Weisheit unseres höchsten Wesensprinzips tatsächlich durchs Leben —und deshalb auch ist es möglich, vom Diagramm der kosmischen Stunde, die wir für unsere Verkörperung wählten, d. h. vom Horoskop, dasjenige abzulesen, was uns als „karmisches Programm" zugewiesen wurde — tief genug erfaßt: was wir selbst uns zuwiesen von jener höchsten Ebene her, wo wir in Einheit mit dem Göttlichen und dennoch Individualitätsfunke sind.

81.

Eine echte „Societas", Menschengemeinschaft, ist nur möglich, wenn erkannt wird, daß — um mit du Prel zu reden — jedes „transzendentale Subjekt" als Original aus Gottes Werkstatt nur einen einzigen Platz im All einnehmen kann: den unaustauschbar seinen. Ihm dazu zu verhelfen, gewährleistet soziale Gerechtigkeit: denn wo nur dieser und kein anderer Mensch an seinem Platze ist, vermag er diesen Platz auch keinem anderen Mitmenschen wegzunehmen. Richtig verstandener Individualismus und richtig verstandener Sozialismus bedingen einander, wenn man tief, d. h. erleuchtet genug zu erkennen weiß. Erleuchtung und Liebe sind dazu notwendig. Lieblose Erleuchtung ist ebenso wenig wert wie unerleuchtete Liebe.

82.

Hier tut du Prel dem Begriff „Anarchist" das übliche spießbürgerliche Unrecht. Anarchisten—wörtlich: Verneiner des Herrschaftsprinzips — sind ebenso wenig Unmenschen, wie es die von allerchristlichsten Abendländern planmäßig ausgerotteten und korrumpierten Rothäute waren. Sie sind vielmehr diejenigen Politiker, die zum Guten im Menschen so viel Vertrauen haben, daß sie Staat, Polizei, Militär und ähnliche Institutionen des Herrschaftsprinzips für künstliche (und schädliche) Herausforderungen des Bösen halten. Bezeichnenderweise heißt das (gegen Darwin gerichtete)

Hauptwerk der anarchistischen Bewegung, das Fürst Peter Krapotkin verfaßte, „Gegenseitige Hilfe im Tier- und Menschenreich."

83.

An dieser Stelle wird ganz deutlich, daß du Prel unter „Moral" in der Tat Verantwortung höheren Zielen gegenüber versteht (und nicht etwa „Sittlichkeit" im bürgerlichen Sinne).

84.

Das ist längst vorbei! Theoretisch ist der Materialismus nirgends mehr aufrechtzuerhalten, am wenigsten unter einfachen und unverbildeten Menschen; nur noch bewußt tendenziöse Intellektuelle und vor allem persönlich interessierte Machthaber sowie deren Lohnschreiber vertreten ihn mündlich und schriftlich.

85.

Es könnte mit der gleichen Berechtigung hier auch heißen: „dieser uralten Weltanschauung".

86.

Hier wird du Prel nicht nur euphemistisch, sondern auch flach. Tausend exakte Experimente führen zu keiner festeren Überzeugung als ein einziges — und auf die „Massen" kommt es nicht in einem derart agitatorischen Sinne an, wie es hier formuliert wird. „Massen" von Experimental-Okkultisten brauchen nicht erfreulicher zu sein als Massen von Religions- oder politischen Parteifanatikern. Statt einer Häufung von Experimenten und einer noch größeren Häufung von Anhängern ihrer Ergebnisse wird stets die Erweckung einer Elite von Eingeweihten das Ziel der Geheimwissenschaften sein und bleiben.

STUDIENPLAN

Vorbemerkung:

Nach Möglichkeit werden Bücher aufgeführt, die nach 1945 in Deutschland oder in der Schweiz erschienen und mithin z. Zt. noch zugänglich sind. Bei älteren Werken, die dem Verbot und der Vernichtung während der 12 Hitler-Jahre anheimfielen, ist zu ihrer Kennzeichnung ** hinzugefügt worden.

Der Studienplan gibt kein erschöpfendes Verzeichnis, sondern nur Linien, die sich dem, der sie erarbeitend verfolgt, von selbst zu einem Kosmos ausweiten werden.

A.) ZUR KORREKTUR DER SCHULGEMÄSSEN, UNGÜLTIG GEWORDENEN WELTBILDER:

**Eugen Georg: „Der Mensch und das Geheimnis", Safari Verlag, Berlin. Volkstümlich, umfassend, unentbehrlich.

Dr. Herbert Fritsche: „Der Erstgeborene; ein Bild des Menschen", Suhrkamp Verlag vormals S. Fischer, Berlin u. Frankfurt (Main), 3. Aufl. Eine Menschenkunde in geist- und wirklichkeitsgemäßer Sicht.

Dr. Herbert Fritsche: „Sinn und Geheimnis des Jahreslaufs", Karl Rauch Verlag, Bad Salzig u. Boppard (Rhein). Der Weg durch die 12 Monate als Erweckungsweg des inwendigen Menschen.

B.) ZUR EINFÜHRUNG IN DEN OKKULTISMUS FÜR ANFÄNGER UND JUGENDLICHE:

Manfred Kyber: „Die Lichter der kleinen Veronika", Röttger Verlag, Bad Harzburg. Ein Roman, der in meisterlicher Weise das Walten des Welten- und des Schicksalshintergrundes aufhellt.

Manfred Kyber: „Eine Einführung in das Gesamtgebiet des Okkultismus vom Altertum bis zur Gegenwart," Neuabdruck in „Die Arve", Heft 1, 1946, bis Heft 8, 1949. Instruktive, volkstümliche Vorlesungen.

Dr. Rudolf Schwarz: „Die Geisterwelt ist nicht verschlossen", Schwentine Verlag, Preetz. Berichte lebender Zeugen über Spontanphänomene. Eine bescheidene, sympathische, gut orientierende kleine „Jenseitskunde".

Eno Nielsen: „Das Unerkannte auf seinem Weg durch die Jahrtausende". Verlag Wilhelm Langewiesche-Brandt, Ebenhausen bei München, 1922. Die merkwürdigsten der guten Glaubens erzählten Fälle aus dem Gebiet des Übersinnlichen (bis Ende des 18. Jahrhunderts) im Wortlaut der ersten Berichte. Ohne Deutungsversuche herausgegeben von Eno Nielsen.

Eno Nielsen: „Das große Geheimnis". Ebendort nach denselben Grundsätzen gearbeitet wie das vorerwähnte Werk „Das Unerkannte auf seinem Weg . . ." Enthält die merkwürdigsten Fälle aus dem Gebiet des Übersinnlichen aus dem 19. Jahrhundert und den ersten Jahrzehnten des 20. Jahrhunderts.

Joachim Winckelmann: „Der Weg nach Drüben". Schwentine Verlag, Preetz (Holstein).

Okkulte Erlebnisse und Erfahrungen eines Naturwissenschaftlers. Ein knappes, okkulte Empirie und exaktes Denken vereinigendes, insbesondere auch nach der physikalischen Seite hin wichtiges Buch.

Wilhelm Horkel: „Botschaft von Drüben; übersinnliche Erfahrungen aus jüngster Zeit", Neubau-Verlag, München. Positive Wertung okkulter Tatsachen aus der Sicht des evangelischen Christen.

Prof. Dr. Joseph Wittig: „Novemberlicht. Über Allerseelen, Totensonntag, okkulte Erfahrungen und den Auferstehungsleib", Thomas-Verlag, Kempen (Niederrhein). Eine Bejahung okkulter Tatsachen vom katholischen Standpunkt aus.

C.) ZUR FESTEREN FUNDIERUNG DER JENSEITSKUNDE FÜR FORTSCHREITENDE:

**Dr. Emil Mattiesen: „Das persönliche Überleben des Todes; eine Darstellung der Erfahrungsbeweise", drei Bände, Verlag Walter de Gruyter & Co., Berlin und Leipzig, 1936—1939. Das grundlegende Beweisführungswerk, hochwissenschaftlich, unentbehrlich und unersetzlich.

**Dr. Friedrich Schwab: „Geburt und Tod als Durchgangspforten des ‚inwendigen Menschen'", Richard Hummel Verlag, Leipzig. Eine Biologie und Metabiologie des vorgeburtlichen und des nachtodlichen Lebens, besonders wertvoll durch seine scharfe Auseinandersetzung mit dem kompetenzüberschreitenden Panpsychologismus C. G. Jungs und durch sein Schlußkapitel über den Weg zum Auferstehungsmenschen.

**Prof. Dr. Ernesto Bozzano: „Die Spukphänomene", Verlag Hans Müller, Bamberg. Die notwendige, ebenfalls streng empirisch und wissenschaftlich verfaßte Ergänzung zu Mattiesen.

Steward Edward White: „Uneingeschränktes Weltall", Origo-Verlag, Zürich. In Amerika bereits in 20 Auflagen verbreitet. Eine volkstümlich frisch geschriebene, eigenwillige Darlegung spiritistischer Forschungsergebnisse.

**Dr. Justinus Kerner: „Die Seherin von Prevorst; Eröffnungen über das innere Leben des Menschen und über das Hereinragen einer Geisterwelt in die unsere", eingeleitet von Dr. Carl du Prel, Reclams Univ.-Bibl. Das noch immer klassische Buch des romantischen Arztes und Okkultisten, nach wie vor gültig in seinen Tatsachen, in der Form nur fortgeschrittenen Lesern nützlich.

„Blumhardts Kampf." Zuverlässiger Abdruck seines eigenen Berichtes über die Krankheits- und Heilungsgeschichte der Gottliebin Dittus in Möttlingen, mit einer Einführung von Prof. W. Koller in Erlangen, Verlag der Plakatmission, Stuttgart-Waiblingen, 5. Auflage, o. J.

**Carl Welkisch: „Vergeistigung; Erlebnisse und Erkenntnisse eines Sehers und Heilers", herausgegeben von Hermann Haupt, Otto Reichl Verlag, Darmstadt 1927.

D.) MYSTIK UND THEOSOPHIE:

Sheldon Cheney: „Vom mystischen Leben; eine Geschichte der Mystik", Limes-Verlag, Wiesbaden. Plaudernd, einführend, z. T. voll seltenen Materials, z. B. über den Visionär William Blake. Sympathisch, weil alle Hochreligionen der Menschheit und auch die mystische Kunst mitberücksichtigt werden.

**Kurt Aram: „Magie und Mystik in Vergangenheit und Gegenwart", Albertus-Verlag, Berlin. Eine der klarsten und besten Kultur- und Geistesgeschichten unseres Gebietes.

Emanuel Swedenborg: „Ausgewählte religiöse Schriften", herausgegeben von Prof. Dr. Martin Lamm und Prof. Dr. Ernst Benz, Simons-Verlag, Marburg (Lahn). An dem großen christlichen Theosophen Swedenborg, seinen Jenseits-Eröffnungen und Diesseits-Sinngebungen, darf kein Okkultist vorübergehen. Die hier vorliegende Auswahl löst die schwierige Aufgabe, Swedenborgs kaum zu bewältigendes Riesenwerk brauchbar zu exzerpieren, auf ideale Weise.

Prof. Dr. Ernst Benz: „Swedenborg; Naturforscher und Seher", Verlag Hermann Rinn, München.

Prof. Dr. Ernst Benz: „Swedenborg in Deutschland; F. C. Oetingers und Immanuel Kants Auseinandersetzung mit der Person und Lehre Emanuel Swedenborgs", Verlag Vittorio Klostermann, Frankfurt a. M. Beide Werke geben das, was bislang schmerzlich fehlte: Die Gesamtdarstellung Swedenborgs und seiner Auswirkungen durch einen Wissenden, der ihn bejaht.

W. Q. Judge: „Das Meer der Theosophie", Verlag der Deutschen Abt. der Theosophischen Ges. Covina, Stuttgart. Die bereits 1893 verfaßte, volkstümliche, klare Darstellung der anglo-indischen Theosophie; wichtig und bewährt nicht nur ihrer Erkenntnisse wegen, sondern weil fast aller moderne Okkultismus theosophischer Färbung, einschließlich der Anthroposophie, seinen Ursprung eben jener anglo-indischen Theosophie der Himalaya-Adepten verdankt, die sich der Russin H. P. Blavatsky zur Niederschrift ihres Wissens bedienten.

C. Jinarajadasa: „Die okkulte Entwicklung der Menschheit", Adyar, Paris, die deutsche Ausgabe durch Ring-Verlag, Ernst Pieper, Düsseldorf. Da der derzeitige Präsident der Theosophischen Ges. Adyar, der dieses ausführliche Lehrbuch verfaßte, von Jugend an selbst hellsichtig ist, hat sein Werk einen besonderen Wert.

**Dr. Emil Mattiesen: „Der jenseitige Mensch; eine Einführung in die Metapsychologie der mystischen Erfahrung", Verlag Walter de Gruyter & Co., Berlin u. Leipzig. Für Fortgeschrittene! Eine beweisführende Untersuchung, daß die Seelenphänomenik jener Menschen, die nicht aus Diesseits-, sondern aus Jenseits-Impulsen leben, von bloßer „Psychologie" her nicht deutbar ist. Gleich Mattiesens „Überleben des Todes" ein Monumentalwerk von größter Bedeutung.

Willy Schrödter: „Die Rosenkreuzer", Karl Rohm Verlag, Lorch (Württ.) Obwohl als Einführungsschrift gedacht, setzt das eigenwillige, tief wissende und unterweisende Büchlein besondere Aufgeschlossenheit voraus. Eine ungewöhnlich wertvolle Publikation für Menschen, die den Schritt aus dem theosophischen Studium in die Wirklichkeit der persönlichen Einweihung vollziehen wollen.

E.) LITERATUR ÜBER OKKULTE SCHULUNG

Swami Vivekananda: „Raja-Yoga", Rascher Verlag, Zürich. Das Buch enthält die Yoga-Aphorismen des Patanjali, die die Grundlage der meisten okkulten Schulungssysteme darstellen, sowie deren ausführlichen Kommentar.

Swami Vivekananda: „Karma-Yoga. Bhakti-Yoga", Rascher Verlag, Zürich. Karma-Yoga gestaltet das Tun ohne Begehren nach Früchten des Tuns, Bhakti-Yoga die Andacht zu einem Exerzitienweg.

Swami Vivekananda: „Inana-Yoga", drei Bände Rascher Verlag, Zürich. Der Erkenntnisweg als Einweihungssystem. Ein Buch, das nicht als „Philosophie" mißverstanden werden darf!

Prof. Dr. Heinrich Zimmer: „Der Weg zum Selbst; Lehre und Leben des indischen Heiligen Shri Ramana Maharshi aus Tiruvannamalai", Rascher Verlag, Zürich. Der bedeutende deutsche Indologe Zimmer gibt mit diesem seinem Nachlaßwerk vor allem die intimen Schüler-Unterweisungen des Maharshi Shri Ramana weiten Kreisen bekannt: das „höhere Wachsein" (Samadhi) wird hier methodisch zugänglich gemacht in einer ebenso lichten und einfachen wie edlen und großen Form.

Arthur Avalon (d. i. Sir John Woodruffe): „The Serpent Power" (Die Schlangenkraft), Verlag Ganesh & Co., Madras. Über Kundalini-Yoga; für Fortgeschrittene unentbehrlich.

Sir John Woodruffe: „Shakti and Shakta", Verlag Ganesh & Co., Madras, und Luzac & Co., London. Ein ebenfalls für Fortgeschrittene wichtiges Werk über Sexualmysterien im Yoga der Tantra-Systeme.

**W. Y. Evans Wentz: „Yoga und Geheimlehren Tibets", Otto Wilhelm Barth Verlag, München-Planegg. Für die Gestaltung eigener Ubungssysteme (die tibetanischen sind nicht ohne weiteres für den Abendländer verwendbar) von unschätzbarem Wert!

**Meister Therion (d. i. Aleister Crowley): „Buch 4; 1. Teil: Mystik; 2. Teil: Magie", Thelema Verlagsges., Leipzig. Ein aus unvergleichlich souveräner Kenntnis des Pfades verfaßtes Lehrwerk. In unserer Literatur eine seltene Kostbarkeit.

Aleister Crowley: „The Equinox of the Gods", Verlag BCM, Ankh 188 High Holborn, W. C. 2. Wichtig wegen des darin enthaltenen „Liber Al vel Legis" und seiner Geschichte. Eine nur für weit Fortgeschrittene bestimmte Subskriptions-Ausgabe.

Friedrich Lekve: „Thelemische Lektionen, Thelemische Exerzitien", Folge A. 1, 2, 3 usw. Verlag Friedrich Lekve, Hildesheim, Postfach 41. Die bedeutsame, ganz auf Aleister Crowleys Lehre und Praxis eingestellte Schriftenreihe enthält u. a. eine deutsche Übersetzung des wichtigen „Liber LXV vel Liber Cordis Cincti Serpente" (Buch des von der Schlange umgürteten Herzens), eine Einweihung in die Kundalini-Geheimnisse.

**Dr. Friedrich Schwab: „Von der Venus zur Madonna; ein Weg zum Auferstehungsmenschen", Richard Hummel Verlag, Leipzig. Für Fortgeschrittene; besonders wertvoll, weil es die Esoterik des „Eros der Nähe" und des „Eros der Ferne" für den Übungspfad aufschließt.

Karl Weinfurter: „Der brennende Busch", Karl Rohm Verlag, Lorch (Wttbg.). Breit fundierte, tiefschöpfende Darstellung der Zeichen-, Griff- und Wort-Übungen des esoterischen Freimaurers J. B.

Kerning; ein Schulungsbuch unter speziell christlichem Gesichtspunkt, aber mit Blickweite in alle Geheimlehren. Im Ton oft stark sektiererisch und unduldsam, aber im Inhalt unantastbar.

Karl Kolb: „Die Wiedergeburt; das innere wahrhaftige Leben", Karl Rohm Verlag, Lorch (Württ.). Dieses sogenannte „Buchstabenbuch" lehrt die Kerning-Praxis im Alltag.

**Rudolf Freiherr von Sebottendorf: „Die Praxis der alten türkischen Freimaurerei", Theosophisches Verlagshaus, Leipzig. Eine grundlegende Schrift für Zeichen-, Griff- und Wort-Übungen.

Dr. Alfred Strauß und G. W. Surya: „Theurgische Heilmethoden; Heilung durch Gebete, Zeichen, Kraft der Worte: die ‚Wiedergeburt'", Karl Rohm Verlag, Lorch (Württ.). Mit seinen Kapiteln „Die Wiedergeburt" und „Der Weg" eine besonders anregende, aus intensiver persönlicher Erfahrung geformte Darstellung.

**Peryt Shou: „Die Kette des großen Wollens", Pyramiden-Verlag Dr. Schwarz & Co., Berlin. Diese Schrift wie sämtliche anderen leider vergriffenen Broschüren des Verfassers stammt aus jahrzehntelanger Erfahrung mit den Logos- (indisch: Mantram-)Übungen und der gleichzeitigen Erweckung des Hellsehens durch Gestirn-Meditationen. Formal oft abwegig anmutend, geben Peryt Shous Schriften, wenn man sich in sie einzulesen weiß und Vorurteile überwindet, Quellen hoher erweckender Kraft.

Mabel Collins: „Licht auf den Weg", Karl Rohm Verlag, Lorch (Württ.). Das altbewährte Schulungsbuch der Theosophen,

H. P. Blavatsky: „Die Stimme der Stille", eine Darstellung des Hochpfades der Erlösung aus Quellen östlicher Inspiration. Neuausgabe von Dr. Herbert Fritsche in Vorbereitung.

J. Krishnamurti: „Zu Füßen des Meisters", deutsch von Dr. Norbert Lauppert, Adyar Verlag, Graz. Eine Art „Kollegheft", das der jugendliche Krishnamurti aus Meister-Unterweisungen zusammenstellte und das den theosophischen Übungsweg besonders elementar und klar darstellt.

D. T. Suzuki: „Die große Befreiung", Curt Weller Verlag, Konstanz. Eine Darstellung der chinesisch-japanischen Satori-Praxis des Zen-Buddhismus. Zen (japanisch), Chan (chinesisch) und Dhyana (Sanskrit) bedeutet Meditation, jedoch hat der ferne Osten hier eine eigenartige Methode des „plötzlichen Erweckens" gefunden, die jetzt auch im Abendland fruchtbar zu werden beginnt.

Prof. Dr. Eugen Herrigel: „Zen in der Kunst des Bogenschießens", Curt Weller Verlag, Konstanz. Der Bericht eines deutschen Zen-Schülers über seine Exerzitien und deren Ergebnisse.

**Martin Buber: „Die Legende des Baalschem", Verlag Rütten und Loening, Frankfurt (Main). Mit seinen ersten vier Kapiteln über die Lebensform des Chassidismus, die einen Pansakramentalismus der Heiligung realisiert, die Krönung aller esoterischen Weg- und Zieldarstellungen! Wie hoch dieses einzigartige Buch steht, kann auf vollendete Weise nur dem sehr Fortgeschrittenen klar werden, obwohl es sich gleichermaßen an den Anfänger wendet.

F.) GESAMTDARSTELLUNGEN:

„Merlin", Archiv für forschenden und praktischen Okkultismus, Grenzwissenschaften, Schicksalskunde und esoterische Tradition. Herausgegeben von Dr. Herbert Fritsche, Folge 1, 2 und 3. Axel Springer Verlag, Hamburg. Mit Beiträgen von H. P. Blavatsky, C. W. Leadbeater, Gustav Meyrink, Prof. Dr. Jacob von Uexküll, Prof. Dr. Georg Sigmund, Dr. Friedrich Schwab, Dr. Fritz Quade, Dr. Will Rink, Friedrich Lekve und anderen namhaften Autoren.

Willy Schrödter: „Streifzüge ins Ungewohnte"; Spiegel-Verlag Hermann Bauer, Freiburg i. Br. 1949. Eine unerschöpfliche Materialsammlung, im Sinne der „Blaubücher" Strindbergs kundig und perspektivenreich dargeboten.

Graf Hermann Keyserling: „Das Buch vom Ursprung"; Verlag Hans Bühler jun., Baden-Baden. Ein Buch der gegenwärtigen Weltenstunde, von höchster Warte dem Verwirklichen des Geistes im Diesseits, aber aus überweltlichen Quellen, gewidmet.

Leopold Ziegler: „Überlieferung"; Hegner-Bücherei im Kösel-Verlag, München. Die einzige profunde Darstellung der esoterischen Tradition, die wir in Deutschland besitzen. Für tiefergreifende Studien unerläßlich.

Dr. Adolf Weiß: „Die enträtselte Sphinx"; in Deutschland durch den Osiris-Verlag Erich Sopp, Sersheim (Württ.). Das Gesamtgebiet des Okkulten im Spiegel des modernen energetischen Weltbildes; besonders für Leser, denen eine Umwandlung des positiv Gesicherten aus den Geheimwissenschaften in die Denkweise und Ausdrucksform neuzeitlicher Wissenschaft wichtig ist.

Dr. Karl Gustav Bittner: „Die übersinnliche Welt; Geheimlehre und Mysterienweisheit in der geistigen Gestalt unserer Zeit"; in Deutschland durch den Osiris-Verlag Erich Sopp, Sersheim (Württ.). Eine schmale, uraltes Wissen in moderne Form kleidende Schrift von hohem Wert.

Sowohl das Archiv „Merlin" als auch die anschließend genannten Bücher von Schrödter, Graf Keyserling, Leopold Ziegler, Dr. Adolf Weiß und Dr. K. G. Bittner setzen den fortgeschrittenen Okkultisten in die Lage, für sein Weltbild auch Gegnern gegenüber eintreten zu können, welche die übliche Denk- und Ausdrucksweise des Okkultismus nicht verstehen und akzeptieren. Deshalb wurden diese Veröffentlichungen am Schluß genannt.

symbolon

Die Buchreihe »symbolon« ist Teil eines Konzeptes, das der Arbeitskreis »symbolon« in den letzten Jahren entwickelt hat.
Die Arbeit dieses Kreises umfaßt Horoskop-Beratungen, Astrologie-Kurse, Esoterik-Kurse, Therapie-Gruppen, Einzel-Therapien und Phantasie-Reisen in Kassettenform. Nähere Informationen können unseren Büchern (Peter Orban: Die Reise des Helden, Kösel Vlg. 1983 und Astrologie als Therapie, Hugendubel 1986) sowie unserer Informations-Broschüre (»symbolon«, Eduard-Rüppell-Str. 3, 6000 Ffm 1) entnommen werden.
Da wir alle Lernende sind und insbesondere die Astrologie ein sehr tiefschürfendes Symbolsystem darstellt, so möchten wir es uns zur Angewohnheit machen, den erscheinenden Bänden dieser Reihe jeweils am Ende des Geburtshoroskop des Autoren (soweit verfügbar) beizugeben.
Der astrologisch interessierte Leser (und das werden zunehmend mehr) kann so über den Inhalt des Buches *und* das Horoskop des Autoren in einen Lernprozeß verwickelt werden, in dem er früher oder später die Einheit dieser beiden Symbolfiguren zu verstehen in der Lage ist.
Es läßt sich daran zeigen, daß das Leben eines Menschen und seine Form der Bearbeitung von »Welt« (in Form eines Buches) einer Gesetzmäßigkeit unterliegen.
Es dürfte die gleiche Gesetzmäßigkeit sein, die den Leser eines Buches ausgerechnet zu diesem Buch greifen läßt.

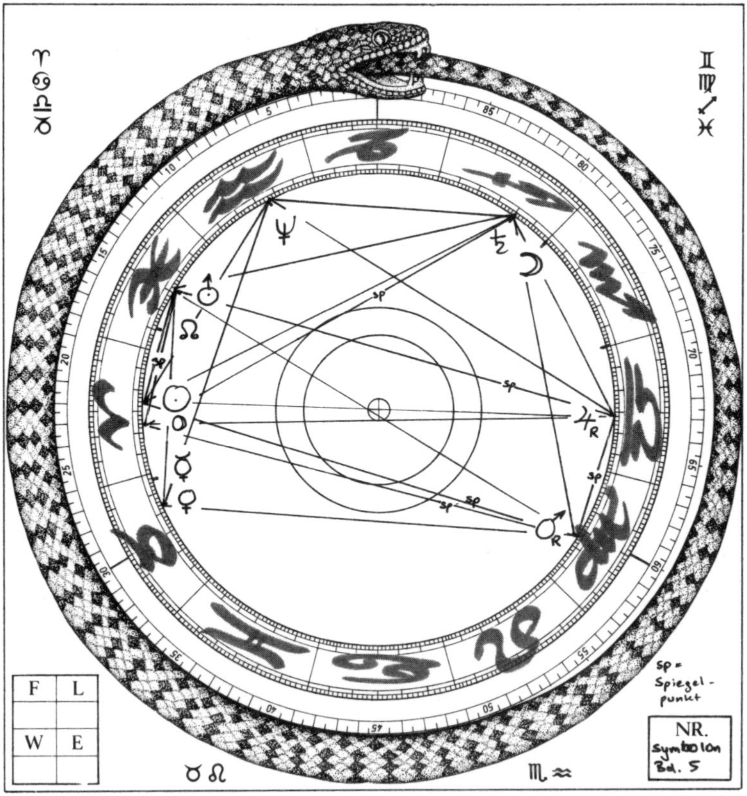

Name	Freiherr Carl du Prel	Geb.-Datum 3.4.1839	Geb.-Zeit ?
Geb.-Ort	Landshut	Breite	Länge

MEZ	?	MC	?
WZ		11	
K		12	
OZ		AS	?
ST		2	
KP		3	

☉	27° ♋	♃	14° ♎ R
☊	24° ♓	♄	10° ♐
☽	25° ♍ – 5° ♐	♅	14°11' ♓
☿	1° ♉	♆	12°11' ♒
♀	8° ♉	⚸	17°9' ♈
♂	13° ♍ R	♇	

INHALT